「ファミサポ」の安全を考える

八尾市乳児死亡事故を教訓に

平沼博将・岩本　朗
藤井真希・岩狭匡志　編著

Hiromasa Hiranuma
Hogara Iwamoto
Maki Fujii
Tadashi Iwasa

はじめに

　この本は、2010年に大阪府八尾市の「ファミサポ」で起こった乳児死亡事故と、その後の民事裁判、厚生労働省・内閣府への要請行動等で明らかになった事実をもとに、遺族、弁護士、研究者、ジャーナリスト、保育関係者、医師等が、ファミサポの安全性について考察した成果を世に問うものです。

● 「ファミサポ」って何？

　ところで、みなさんは「ファミサポ」というものをご存じでしょうか？
　一般的にはあまり知られていませんが、子育てを経験された方なら「知っている」「利用したことがある」という方も多いのではないでしょうか。
　「ファミサポ」とは、市区町村が行っている「ファミリー・サポート・センター事業」のことで、保育所・幼稚園の送り迎えを代行してもらいたいときや、買い物・通院等の外出時に子どもを短時間預かってもらいたいときなどに利用できる便利な制度です。図1のように、子どもの預かりや送迎といった育児支援を受けたい人【依頼会員】と、地域でそうした育児支援を有償のボランティアで行ってくれる人【提供会員／援助会員】とを行政が仲介する仕組みになっています。ファミサポに対するニーズは高く、現在では約半数の自治体で実施されており、利用登録者も年々増加しています。

※2017年3月末時点の依頼会員数は約55万人、提供会員数は約13万人

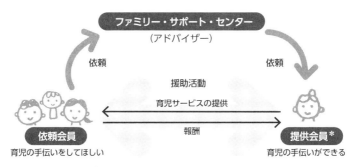

図1　ファミリー・サポート・センターの仕組み
＊提供会員の名称は各センターにより異なります。八尾市では「援助会員」と呼ばれています。

●八尾市のファミサポ事業で起こった乳児死亡事故

しかし、その「ファミサポ」で痛ましい事故が起こってしまいました。

2010年11月16日、藤井さつきちゃん（当時生後5か月）は、八尾市ファミサポ事業の一時預かり中に「うつぶせ寝」にされたまま放置され、心肺停止の状態となった後、3年後に亡くなりました。

一体なぜ、このような事故が起こってしまったのでしょうか。

ご両親は当日さつきちゃんを預かっていた援助会員に事情を聞くとともに、ファミサポ事業を実施・運営する八尾市・社会福祉協議会にも説明を求めましたが、納得のいく回答は得られませんでした。それどころか、八尾市と社会福祉協議会は、ファミサポ事業が会員同士の契約に基づいていることを理由に「事故は当事者間で解決すべき問題」と主張するなど、誠意ある対応すらなされませんでした。さつきちゃんのご両親は、やむなく事故発生から3年後の2013年11月、事故の真相を明らかにしたいと援助会員、八尾市、社会福祉協議会を相手に民事裁判を起こします。

●「保育事故」裁判の難しさ——立証と行政責任の「壁」

民事裁判では、事実関係や加害者の過失をすべて原告が立証しなければなりません。保育事故でわが子を亡くされた遺族は、事故の真相を求めて裁判を起こしたにもかかわらず、事故が起こった経緯や死亡原因を自分たちの手で証明しなければならないという「矛盾」に直面します。また、保育事故では被告以外から証言を得ることが難しいケースが多く、特にファミサポ事業は「援助会員宅での一対一の預かり」を基本としているために、事故が起こった経緯や被告の過失を立証することは困難を極めました。

裁判は提訴から3年以上、事故発生から6年半という長い歳月を経て、2017年3月3日、援助会員に過失（注意義務違反）があったことを前提に和解が成立しました。残念ながらファミサポ事業の実施主体である八尾市と社会福祉協議会の法的責任は認められませんでしたが、この裁判を通して、ファミサポ制度が抱える問題点が明らかになってきたのです。

●「ファミサポ」は国の事業だから安全で安心？

　「ファミサポ」は、国と市区町村が行っている子育て支援事業です。厚生労働省が発行している紹介リーフレット『ファミリー・サポート・センターのご案内』にも、ファミサポ事業（子育て援助活動支援事業）が、国の「子ども・子育て支援新制度」の中に位置づけられていると明記されています。また、提供会員（援助会員）は、安全・事故対策を含む援助活動に必要な講習を受けており、万一の事故に備えて補償保険にも加入していると書かれています。おそらくこのリーフレットを見た人は、ファミサポが国や自治体の「お墨付き」を得た「安全」で「安心」な事業だと思うことでしょう。

　ところが、いざ事故やトラブルが起こると、八尾ファミサポ事故への八尾市や社会福祉協議会の対応でも明らかになったように、行政は「ファミサポは当事者間の契約」「行政は仲介しているだけ」という態度に終始するのです。実は、こうした行政の姿勢は、ファミサポ事業に限ったことではありません。

　この間、高齢者福祉や障害者福祉などの社会福祉事業が「措置制度」から「契約制度」（介護保険制度や障害者総合支援制度）に切り替えられました。2015年度に始まった「子ども・子育て支援新制度」でも、認定こども園や家庭的保育事業等は、保護者と施設・事業者が直接契約を結ぶ仕組みとなっており、社会福祉の分野全般で行政の関与・責任が後退しているのです。

　また、事故が起こった際の補償についても施設や事業によって格差があります。補償保険は「民間保険」と「公的保険」に分けられますが、民間の賠償責任保険は加入者の過失が認められない限り補償は出ません。しかし、保育・教育施設を対象とした公的保険（独立行政法人日本スポーツ振興センターの災害共済給付制度）では過失がなくても一定の補償が行われます（無過失補償）。2017年に公的保険の適用範囲が拡大され、一定基準（保育士60％以上等）を満たす認可外保育施設等は加入できるようになりましたが、ファミサポ事業やベビーシッターなどには適用されませんでした。

● **多様化・高度化するファミサポ事業と提供会員の専門性**

　ファミサポ制度で大きな課題だと考えるのは提供会員の「専門性」の問題です。国や市区町村は「提供会員は必要な講習を受けている」としていますが、実際には、講習が行われていなかったり、研修内容が不十分だったりする自治体も存在します。また、厚生労働省が推奨している講習カリキュラム（103頁表1参照）の時間数（目安）を見ると、「安全・事故」で2時間、「心の発達とその問題」で4時間など、すべて合わせても24時間しかありません。ちなみに保育士資格を取得するための保育士養成課程では68単位の修得が必要とされており、これを授業時間に換算すると765時間に相当します。

　　　　　　　　　　　※90分の講義15回分（計22.5時間）を2単位として計算

　そこには、提供会員が行うのはあくまで「預かり」であって「保育」ではないという論理（理屈）があり、厚生労働省も一貫して「ファミサポは保育の代替とは考えていない」と主張しています。しかし、2009年度からファミサポで「病児・病後児の預かり」や「早朝・夜間等の緊急時の預かり」を行うなど、実際にファミサポが担っている事業は多様化・高度化してきています。また、ファミサポは環境が整備されていない「自宅」で、しかも「たった一人」で子どもを預かることになるため、提供会員には施設での預かり（保育）以上に高度な専門性が求められるとも言えるのです。

　提供会員に高い専門性を求め過ぎると、なり手不足がますます深刻となり、制度自体が成り立たなくなるという意見もあります。しかし、それは、いま問題となっている保育士不足を「保育士資格をもたない人」や「研修を受けただけの子育て支援員」で補おうという発想と似ています。十分な研修を受けずに子どもの預かりを行うことは、子どもの命を危険にさらすだけでなく、子どもを預かる側の心理的負担も大きいはずです。ましてや事故を起こしてしまった場合のことを考えると、その代償は計り知れません。

　このようにファミサポは、国・自治体の子育て支援事業にもかかわらず、行政責任、専門性、事故補償などの点で多くの課題が残されています。

● 何がさつきちゃんの命を奪ったのか──保育事故における「暴力」とは

　ファミサポで死亡事故が起きたのは今回が初めてですが、保育の規制緩和が進められる中、全国の保育施設で子どもが死亡する事故が相次いでいます。「保育事故」は、保育従事者や施設・事業管理者の過失（注意義務違反）、行政の指導・監督責任の不作為といった「暴力」が積み重なることで起こります。八尾ファミサポ事故でも、さつきちゃんを「うつぶせ寝」にしたまま放置するなどの援助会員による「注意義務違反」に加え、アドバイザーや社会福祉協議会が適切な指導や研修を行っていなかったこと、八尾市が事業実施主体としての責任を果たしていなかったことなど、行政による「不作為」があったと考えられます（これらを「直接的暴力」といいます）。

　さらに、その背景には、ファミサポが国と地方自治体の事業であるにもかかわらず、行政が「当事者間契約」を理由に関与・責任を回避していること、国がファミサポに本来の役割以上の事業を押しつけていること、提供会員への研修制度が不十分など子どもの命を預かる仕事（専門性）を軽視していることが「構造的暴力」として存在しています。そして、そうした国の政策を後押ししているのが、「福祉の市場化」「自己責任論」など新自由主義の思想に基づく「文化的暴力」です。子どもの命を守るためには、これらの「暴力」を「非暴力」、「創造性」、「共感」によって、一つ一つ「平和」へと転換していく粘り強い取り組みが求められています。

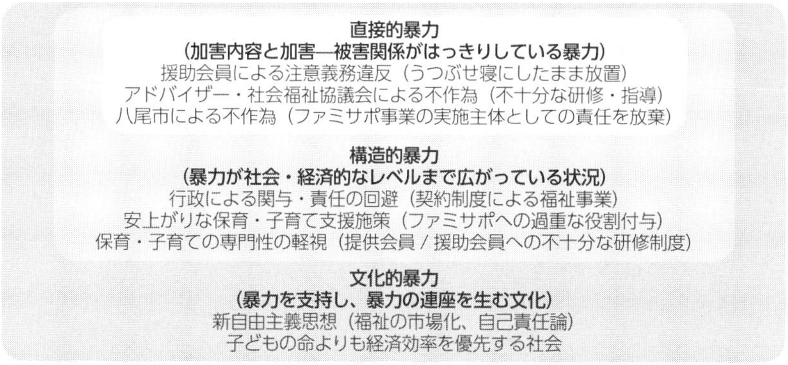

直接的暴力
（加害内容と加害─被害関係がはっきりしている暴力）
援助会員による注意義務違反（うつぶせ寝にしたまま放置）
アドバイザー・社会福祉協議会による不作為（不十分な研修・指導）
八尾市による不作為（ファミサポ事業の実施主体としての責任を放棄）

構造的暴力
（暴力が社会・経済的なレベルまで広がっている状況）
行政による関与・責任の回避（契約制度による福祉事業）
安上がりな保育・子育て支援施策（ファミサポへの過重な役割付与）
保育・子育ての専門性の軽視（提供会員／援助会員への不十分な研修制度）

文化的暴力
（暴力を支持し、暴力の連座を生む文化）
新自由主義思想（福祉の市場化、自己責任論）
子どもの命よりも経済効率を優先する社会

図2　八尾ファミサポ事故における「暴力」の構造

● 子どもの命を守るために──本書の刊行にあたって

　この本は、八尾ファミサポ事故を決して「特別なケース」で終わらせず、子どもの命を大切にする社会の実現を切望し、活動している人たちの協働によって生まれました。

　第1章では、まず、さつきちゃんの命を奪ったもの、被害者家族を苦しめたものが何だったのかを知っていただくため、藤井真希さん、藤井朋樹さんに事故発生から裁判に至る経緯を振り返るというとてもつらい作業をお願いしました。また、非常に困難な裁判を和解にまで導いてくださった弁護士の岩本朗さんには、ご多忙の中、膨大な資料をもとに民事裁判の経過と意義について執筆いただきました。さらに、藤井さんご家族と裁判を支え続けた「ファミサポ裁判を支える会」の宮脇町子さん、湯川祥子さん、岩狭匡志さん、そして、MBS報道局ディレクターの大西亜雅紗さんには、それぞれの取り組みを紹介いただくとともに、支援団体や報道が果たすべき役割についても問題提起していただきました。

　第2章では、ファミサポで二度とこのような事故が起こらないようにするために、東根ちよさん（鳥取大学）、東内瑠里子さん（日本福祉大学）、岩狭匡志さん（大阪保育運動連絡会）にファミサポ事業の現状と課題について、服部敬子さん（京都府立大学）には発達心理学の観点から乳幼児の預かり中の事故を防ぐための対策について論じていただきました。

　そして、さつきちゃんと藤井さんご夫妻を支え続けてくださった、友人、赤ちゃんの急死を考える会、保育・医療関係者のみなさんからは、それぞれの立場から鋭く、それでいて心温まるコラムを寄せていただきました。

　ぜひ本書をファミサポ関係者はもちろん、子ども・子育てに関わるすべての方々にお読みいただくことで、「子どもの命を守り育むこと」への共感の輪がさらに大きく広がっていくことを願ってやみません。

　　　　　　　　　　　　　　　　　2018年7月19日　編者を代表して
　　　　　　　　　　　　　　　　　大阪電気通信大学　平沼博将

「ファミサポ」の安全を考える
八尾市乳児死亡事故を教訓に

もくじ

はじめに（平沼博将）……3

第1章　八尾ファミサポ事故の記録 ─────── 10

1　事故発生から裁判に至るまでの経緯（藤井真希・藤井朋樹）……10

2　民事裁判の経過と意義（岩本　朗）……34

3　「ファミサポ裁判を支える会」の取り組み
　　　　　（宮脇町子・湯川祥子・岩狭匡志）……52

4　八尾ファミサポ事故と報道（大西亜雅紗）……66

第2章　ファミリー・サポート・センター事業の
　　　　課題と展望 ─────── 80

1　ファミリー・サポート・センター事業の現状と今後（東根ちよ）……80

2　ファミリー・サポート・センター事業における支援者養成の課題
　　　──アドバイザーの専門性を支える国・自治体の条件整備の必要性
　　　（東内瑠里子）……95

3　八尾ファミサポ事故で明らかになったファミサポ事業の課題
　　　（岩狭匡志）……112

4　子どもの発達と保育事故──預かり中の事故を防ぐために（服部敬子）……128

おわりに（藤井朋樹）……148

コラム

どんな保育も"専門家たる保育士"であたりたい（石川幸枝）……32

さつきちゃん事故の教訓を、睡眠時の安全に（橋本　卓）……50

子どもの命を守り育てる保育・子育て支援を
　　──元保育士として（丸山豊美）……64

ファミサポ裁判を傍聴して（二宮千賀子）……78

ファミサポにも公的な災害共済給付制度の適用を！
　　──公的無過失保険の適用範囲拡大と加入の重要性（寺町東子）……126

さつきちゃんの無念の思いを忘れず（小山義夫）……146

第1章
八尾ファミサポ事故の記録

1 事故発生から裁判に至るまでの経緯

藤井真希・藤井朋樹

　ここでは、娘さつきに起こった事故と、その後家族がどのように過ごし、行動し、何を知ることになったかをご紹介します。当時を振り返ることは私たちにとって苦しみを伴うことでもありますが、民事裁判という選択をせざるを得なくなった背景を知っていただくことで、ファミサポ制度の課題と「八尾ファミサポ事故裁判」の意義を考える一助にしていただきたいと願っています。

（1）さつきの誕生と、ファミサポの利用

●さつきについて

　さつきは2010年5月、私たちの第一子として誕生しました。初めての妊娠で不安と期待の中、お腹で大切に育ててきた命との出会いを私たちはほんとうに楽しみにしていました。生後の検査・健診においても異常などは一切なく健康に育ち、体調不良を起こしたことは一度もありませんでした。
　5か月を過ぎると生活リズムも安定し、日中は室内遊び、近所の散歩などをしてゆったりと過ごしていました。月齢が上がるにつれできることも増え、

今日はこれができた、と報告して喜び合うのが日々の楽しみでした。事故の前は、欲しいものを見つけてつかみに行ったり、あー・うーと声を出して意思を伝えようとしたり、私たちの顔を見てニコッとうれしそうにほほ笑んだりするようになっていました。事故当日の朝は、授乳後に機嫌よくベッドで遊んでいる時に、頭上で揺れるベッドメリーに手を伸ばし、ぶら下がっているおもちゃを初めて掴むことができました。それまではいつも興味深そうに

手を伸ばしては、カシャン、カシャンと手で揺らすことしかできなかったので、よほどうれしかったのだと思います。おもちゃを掴んだそのままの姿勢で腕を伸ばし、こちらを見てニコニコと誇らしげに笑っていました。その様子があまりにもかわいらしく、急いで携帯電話を持って来て写真を撮りました。まさかその写真が、元気な娘の最後の写真になってしまうとは思いませんでした。

●「ファミサポ」利用の経緯

　ファミリー・サポート・センター（以下、ファミサポ）事業を知ったのは、母子手帳の記載と、八尾市役所でもらった厚生労働省のパンフレットでした。市が主催・案内する子育て支援講座でもたびたび「やおファミリー・サポート・センター」の説明とチラシの配布がありました。私たちはお互いの両親から離れて生活を始めていたため、地域でつながりを得ることは将来的にも良いことだと考えました。はじめての育児に不安もあったので、頼れる子育ての先輩と知り合えるのも魅力だと感じました。また、自治体の事業であり八尾市が様々な機会で広報していること、国がパンフレットを発行し利用を推奨していることからも、安全性が高く信頼できる事業なのだろうと考えました。

私は妊娠中から膝の痛みを感じるようになっており、立ち座りといった特定の日常動作が苦痛になってきていました。一時的なものかと様子を見ていましたが、出産後も痛みは続き、子どもを抱きながらの生活でむしろ悪化していきました。ファミサポの利用を現実的に考え出したのはこのことがきっかけでした。短時間の通院の間だけ子どもをあずかってもらい、将来的にいざという時に地域で頼ることができるような繋がりを得ることができればよいなと考えました。しかし、「必要な研修を受けた登録者」とはいえ、初めての子を人にあずけることには不安もあったため、せめて生後半年ほどになるまでは痛みをこらえながら待つことにし、10月のある日、登録の説明に参加することにしました。

　八尾ファミサポの事務局で、アドバイザーの女性と面談しました。薄い冊子と、当時の八尾ファミサポの会則を受け取りましたが、会則を開いて中身を説明されることはありませんでした。入会申込書に氏名や住所等を記入し、利用目的として通院時の短時間の預かりを申し出たところ、「リフレッシュや美容院などにも利用しては」「みんな使っている制度だから、どんどん使ってほしい」と積極的な利用を勧められましたが、当面は通院時の短時間預かりとの形で登録しました。ちょうど新規の援助会員募集の時期であったため、研修と登録完了を待ってマッチングを行いたいとの提案を受け、特に急ぐ必要もないと考えたので、センターからの連絡を待つことにしました。

　しばらく経ち、同じアドバイザーから電話があり、Aさんを紹介されました。以前から援助活動を行っていて乳児預かり経験もあるベテランであり、地域のサブ・リーダーも務め、センター側も頼りにしている会員だとの説明でした。そして10月末にAさんの自宅で事前打ち合わせを行うことになりました。

　事前打ち合わせは時間通りに、私、さつき、Aさん、アドバイザーの出席で始まりました。Aさんからはセンターの様式で氏名と連絡先が書かれた小さな紙を受け取りましたが、彼女自身やこれまでの援助経験についての話がなく、こちらからタイミングをうかがい尋ねることで情報を得るような状況でした。Aさんとアドバイザーはとても親しげに話をしていましたが、ほと

んどが内輪の雑談でした。その紙以外の書類等はなく、事前打ち合わせってこんなものなのか？　と不思議に感じましたが、アドバイザーとの関係が良さげな様子から、きっと経験からの慣れでこのような形になっているだけで、それだけ信頼できる人物なのだろうと思うことにしました。しかしさつきについてのことさえあまり話題に上がらなかったため、せめて必要なことは知っておいてもらおうと、再びタイミングをうかがいながらこちらから基本的な生活や乳児湿疹の状況などを伝えましたが、メモを取る様子もありませんでした。「事前打ち合わせ」はほとんどが雑談のうちに、10分ほどで終了しました。

● 1回目の利用

　11月9日、地域の整形外科を受診することにし、初診であるため余裕をもって午前9時30分から2時間で初めての預かり依頼をしました。途中でさつきの様子が気になったためAさんの携帯電話にかけたところ、「よく寝ているので安心して」と言われました。午前11時20分ごろ迎えにいくと、さつきは起きていましたが、片方の頬に型がついており、まつ毛の端がややつぶれたようになっていたため、尋ねたところうつぶせで50分ほど寝ていた、と言われました。

　私は母子手帳などでうつぶせ寝の危険を認識しており、自宅ではさせず、腹這いの練習は日中の機嫌が良い時だけにしていたため、「うちではうつぶせ寝はさせていない」ことを伝えました。すると「うつぶせ寝は良く寝るのでいいし、何事も勉強・経験したほうが良い」ということを言われました。あずかってくれている相手の気持ちへの遠慮と、初回からあれこれ注文をつけるとの印象をもたれることは避けたいという思いから、それ以上強く伝えることはできませんでしたが、きっと今回は十分に注意して様子を見てくれていた上でのことだったのだろうし、「家ではやっていない」と伝えたのだから、きっとこれからは控えてくれるだろうと考えることにしました。今ではこのことをほんとうに後悔しています。

（2）事故発生

● わずか1時間の預かりで

　11月16日、2回目の通院のための依頼をしました。当日さつきは朝8時過ぎに起き母乳を飲み、しばらく抱っこをした後は出発までベビーベッドで遊んでいました。メリーに手を伸ばして握っている写真のとおり、咳、鼻水などは一切なく機嫌も良い様子だったため、予定通り出かけることにしました。

　午前9時30分ごろ、Ａさん宅の居間でさつきの荷物を預け、持参したバスタオルを敷いてさつきを仰向けに寝かせました。Ａさんはテレビの真横（第1章44頁図参照）に座っていました。さつきはよく右を向く癖があったため、私は日頃から、向き癖と頭の形をなおしたいと思っていました。そこで、さつきの左側にＡさんがいればそちらに関心をもって左に向きやすくなるだろうと思い、さつきが左を向くとＡさんが見える位置にさつきを寝かせました。

　さつきは衣服の他、よだれかけと靴下を身に着けていました。部屋にはホットカーペットが敷かれていましたが、乳児湿疹への影響や低温やけどが心配で、切るようにお願いしました。暖房器具の温風が直接当たらないようにしてほしいことや、寝入った場合は持参したフリース毛布や靴下の着脱で体温調節してほしいことを依頼しました。さつきにお気に入りのお花のおもちゃを手渡すと両手で握って遊び始めたため、機嫌が良いうちに通院を済ませてできるだけ早く戻ろうと、Ａさん宅を出ました。

　午前10時20分ごろ、通院を終えてＡさんの自宅へ向かいました。到着すると、玄関が開いていました。声をかけて中に入ると、「お母さん、救急車！」と叫ぶＡさんの声が聞こえました。何が起こったかわからず居間に入ると、床にぐったりとしているさつきの傍で慌てているＡさんが繰り返し「救急車、救急車」と言っていました。さつきに異変があったことは判ったため、私は携帯電話を取り出して119をプッシュしようとしましたが、手が震えて全く思うように操作できませんでした。すると、Ａさんが「救急車は、呼んだ」と言いました。Ａさんはその後の聞き取りにおいて、この時の自身の様子を

「パニクっていた」と表現していましたが、まさにその通りで、ただあたふたしているだけであり、人工呼吸や心臓マッサージのような救急対応は全く取っていませんでした。私は目の前の状況も飲み込めず、冷静な思考もできないまま、ただ「さつき！　さつき！」と呼ぶことしかできませんでした。

● 病院へ搬送

ほどなくして救急車が到着し、私はさつきを抱いて救急隊員に渡しました。その時にさつきの足がとても冷たかったことと、手渡す瞬間に首がグラッと力なく揺れたことは、今でも鮮明に覚えています。

搬送先が八尾市立病院に決まり、車内で隊員による聴取がありました。私はここで、Aさんが再びさつきをうつぶせ寝にさせていた事実を知りました。隊員は何度も、「5か月…うつぶせかぁ…」と唸るように繰り返していました。Aさんはひたすら「すみませんでした」と泣いて繰り返していました。

別の隊員は私に背を向けた状態でさつきの処置をしていましたが、行っていることは心肺蘇生法だったため、もしや、という思いがしました。怖くてすぐには尋ねられませんでしたが、病院に着き救急車を降りる前に、震える思いでさつきは呼吸しているのか、心臓は動いているのかを聞きました。答えはいずれも「いいえ」でした。

さつきは処置室に運ばれ、私とAさんは少し離れた小さな部屋で待つように言われました。Aさんは「すみませんでした」と繰り返していました。私の頭と心は絶望の中でもさつきを信じて応援することでいっぱいだったので、Aさんのことは目の前にいながらも眼中にありませんでした。後にAさんの証言が二転三転したことから、この時に無理にでも本人から詳しい状況を聞き出せていればよかったと何度も悔やみましたが、実際には到底できない状況でした。

● 蘇生、ICUへ

待合室に医師が現れ、Aさんにごく簡単な状況聴取とメモ用紙への記録を

しました。その時の説明が「寝ているさつきの横についていたら、背中のふくらみがないことに気づいた」というごくあっさりとした話だったので、私はてっきりAさんはずっとさつきの傍で見てくれていたものと信じ込んでしまいました。医師が取っていたメモを見せてほしいとその日の午後に頼みましたが、断られてしまいました。

　夫が職場から駆けつけた時も、まださつきの心臓は動いていませんでした。狭い部屋に三人、無言で祈りながら待ち続けていると、ふたたび医師が現れ、心臓が動き出したこと、これからICUに移るのでさつきと一緒に移動することを告げられました。

　再会したさつきは、真っ白な顔で人工呼吸器につながれ、手足は点滴の管だらけのとても痛々しい状態でしたが、こんな状況の中でも蘇生されたという事実を信じ、さつきの応援を続けました。医師によると、さつきのpHの値で心拍が再開したことは奇跡的だとのことでした。

　ICUに入院後、医師にさつきの呼吸停止の原因について尋ねたところ、「うつぶせ寝以外の要因を検索するため、様々な検査を行っている」と言われました。また、事故当日であるにもかかわらず「ご両親は裁判などの責任追及は望まれていませんよね」という話もありました。その医師が救急隊員とは違うつぶせ寝を問題視しないことに疑問を感じながらも、小児科の先生が言うことなので納得しようと考えると同時に、もしさつきが何か別の要因でこうなったのであれば、誰も憎まず、私たちも苦しまずに済むのかもしれないとも考えました。その後、さつきの鼻腔からRSウイルスの陽性反応が出たため、これを呼吸停止の原因と考えるとの説明を受けました。

　Aさんや八尾市、八尾市社会福祉協議会（以下、社協）の職員が次々と病院に来ましたが、状況も受け止めきれず絶望の中、さつきのことに手一杯で、十分に対応はできませんでした。一人の職員が、「我々も医師から話を聞いた」と言っていました。後に考えると、患者の許可を得ず不適切な行動に思われましたが、その時は八尾市と八尾市立病院なのでそのようなやりとりも可能なのかなという程度にしか思いませんでした。夜遅くまで、入れ替

わり立ち代わり市の関係者が来ていました。

　さつきの状態は非常に悪く、いつ心臓が停止してもおかしくない状況でした。それでも、私たち両親が病院で夜を明かすことはできないと医師から言われ、泣く泣く二人で帰宅しました。どうしてこんなことに、という思いが頭をぐるぐると巡り、現実であってほしくないと願うほど、厳しすぎる事態に、二人ともおかしくなってしまいそうでした。さつきから離れ、朝まで一睡もできず泣き叫んでは、それでも私たちがしっかりしないといけない、さつきは今も頑張っているのだからと、離れていても応援を続けました。電話が鳴らないことが、さつきが今も生きて頑張っていることを示していました。暗闇に白く光る電話が、どうか鳴りませんようにと祈っていました。

（3）激動の一か月

●さつきの命をめぐる決断

　翌日からも予断を許さない状況が続きました。翌朝のさつきの顔は一段と白くむくみ、目は半開きでほんとうに苦しそうでした。医師からはさつきの状態はもはや生きているとは言えないと告げられ、行っている輸液や投薬などを中止し、看取ることを勧められました。私はすぐには受け入れることができず、それから数日間、夫とつらく苦しい議論を重ねました。次々と現れるさつきの状態悪化ごとにとても厳しい選択が迫られ、ただでさえ受け入れがたい事故とぶつけどころのない気持ちを抱えながら、精神的に追い詰められ限界状態での議論が何日も続きました。

　約3週間後、病院の方針にいつまでも抵抗し続けることはできず、抗利尿ホルモン投与治療の中止に同意しました。事故以降、連日の病院との話し合いの中で、私たちは「生きているとは言えない」状態の娘に繋いだたくさんの管で無理矢理に娘の命を引っ張っているだけなのだろうか、とすら感じ、悩み疲れ、何が正しいのかわからなくなっていました。もはや、さつきの自力での頑張りを信じる他ありませんでした。

　治療を中止すると尿量のコントロールができなくなるため、脱水からやが

て心停止になることが予想されていました。しかし治療の中止から数日後、さつきは自力で尿量を安定させ、医師の予想に反した様子を見せました。ああ、さつきは生きようとしている！　と確信し、そうさせてくれた娘の生命力と意志に感謝しました。

　ところが、私たちが喜んだ矢先に、間もなく病院からそれまでと真逆の説明が始まりました。中期から長期の生存可能性が出てきたため、在宅医療への移行を検討すべきであり近日中にICUから一般病棟に移動しなければならない、そして一般病棟はICUほどの管理体制にないため、安全管理のため気管切開手術を行う必要がある、とのことでした。病院側の事情もあったものとは考えますが、私たちにとってはあまりに急で過酷な方針転換でした。世間はクリスマスと年末を前に賑やかな季節を迎えていましたが、次々に迫る厳しい選択と難航する事故対応の中、私たちの心は取り戻せない過去への後悔と不安しかない未来に重く暗くなるばかりでした。

●当初の事故対応

　さつきの生死をめぐって張りつめた日々の中、並行して事故の対応も行わなければなりませんでした。事故の翌日以降もファミサポの関係者は交代で病院に来ていましたが、誰からも事故そのものや対応方針についての説明がありませんでした。約1週間後、八尾市と社協の職員が事故翌日にAさんに状況を聴取していたと知り、その記録をもらいました。泣いていたさつきをうつぶせにさせたことほか、内容に不自然な点や当日の彼女の説明と異なる点があったため、本人から直接話を聞きたい旨を伝え、社協の調整で八尾市立病院内の会議室で第1回目の聴き取りが行われることになりました。

　聴き取りは社協が作成した聴取の報告書を基に進めました。Aさんに対する事実確認とは別に、八尾市と社協に対して、ファミサポ事業運営や研修について確認する時間も取りました。Aさんはうつぶせの危険を全く認識していなかったことや、その点においてセンターでの事前研修は十分されていなかったことが明らかになりました。特に当時の研修資料についてはすべて提

供してもらうよう依頼しました。後日社協から「これが現存するものすべて」として受け取った資料の中には、うつぶせ寝の危険や乳幼児の睡眠中の観察と安全管理についての資料は一切含まれていませんでした。（ところが裁判では「研修実施の証拠書類」としてうつぶせ寝に関する注意喚起が入った書籍資料のコピーが提出され、私たちはたいへん驚きました。）

　1回目の聴き取りを振り返ることでAさんの説明にさらに不明な点や不審な点が数多く出たため、1週間後の2回目の聴き取りでは、報告書に捉われずはじめからAさんに語ってもらうべきだと考えました。ところが当日、Aさんはあらかじめ書いてきたメモを読み上げることしかできないと言ったため、読んだ後にこちらから質問をさせてもらうことにしました。

　Aさんの説明にははっきりしない点が多く、「わかりません…」の言葉とともに説明もたびたび変化しました。涙や沈黙によるかなり長い中断も多く、聴き取りは長時間に及びました。私たちはとにかく、たとえつらい事実であっても起ったことをありのまま話してほしい一心で、決して声を荒立てたりAさんを責めたりするようなことはせず、彼女の二転三転する説明や不審なほど長い沈黙すらもひたすら冷静に堪えていました。すべてを話すことが彼女にとっても救いであるはずで、そうできる環境をつくらねばならないと考えていました。しかし、まるで被害者のようにめそめそと黙って泣くばかりのAさんを前に、私たちのほうが途方に暮れることもしばしばありました。元気な娘を失い、泣き叫びたいのはむしろこっちのほうでした。たった1時間の預かりについて、筋の通った説明ができない事実こそが、きちんとさつきを見ていなかったことを示していると感じました。

● **市立病院が堅持した「原因はRSウイルス」**

　私たちは報告書の精査や聴き取りを進める一方、家族の協力も得ながら、付き添いの合間をぬってRSウイルスや内因・うつぶせ寝を含む外因による乳児の突然死について調べていきました。

　RSウイルスについては、風邪の症状を引き起こすありふれたウイルスの

一つであり2歳までに子どものほぼ全員が罹患すること、低体重出生や既往症のある場合や0～2か月など低月齢の赤ちゃんは重症化の傾向があるが一般的には死亡率は低いこと、軽症で済む場合も重症化する場合もまずは鼻水・咳などの上気道症状が見られ、数日かけて下気道・細気管支に進行していくという経過をたどることなどがすぐにわかりました。すなわち、そういった要因や症状が一切なかったさつきには、仮にRSウイルスが鼻腔に存在したとしてもそれが原因で突然呼吸停止を起こすことは通常考えられないということであり、担当医の所見に強く疑問を抱くようになりました。

うつぶせ寝の危険とSIDS（乳幼児突然死症候群）については「赤ちゃんの急死を考える会」のホームページに詳しい説明が載っていました。保育施設や病院でのうつぶせ寝による死亡事故が実際に起こっていることや、子どもの死亡時に詳しい状況調査も行わず、事故の隠れ蓑的にSIDSが使用されている実態があることなどを知り、衝撃を受けました。ほどなくして会との繋がりを得ることができ、同じような事故と事後対応に苦しんでいる遺族がいることがわかりました。

自分たちで知識をつけなければいけない、と強く感じ、夜に自宅に戻る日はいつも夜中まで資料を検索し続けました。専門的意見を求めて病院や開業医の先生に問い合わせ、「なんで自分たちでここまでしなければいけない？」と悔しく腹立たしく思いながらも、真実を知りたい一心で、休息をとる間もなく調べ続けました。日中はさつきの傍も離れがたく、時間はいくらあっても足りないほどでした。

Aさんへの直接の聞き取りを経て、事故時の状況が彼女の説明とは異なっていたことで、一層うつぶせ寝の影響は無視できないと考え、医師にも聞き取りの状況を示しながらさつきの呼吸停止について再度意見を求めました。医師はそれでも「原因はRS」との見解を堅持していました。ところが、私たちが知識をつけ質問を重ねるごとに、呼吸停止に至る過程についての説明はあやふやになっていきました。

私たちは、Aさんの説明が不十分な状況でも頑なにRSが原因だとするこ

とに疑問を覚え、そもそも担当医師は原因に関する診断ができる状況にないのではないか、もし診断や見解を求められた際に「不明」とはできない（RSだ、としか書けない）と言うのであれば、RSだけでなく外因事故の可能性も併記すべきではないか、ということを問い続けました。しかしその度「うつぶせ寝が原因と書けと言われてもそれはできない」と私たちの趣旨を曲げた返答があり、やがて「これ以上原因についての質問は受けつけない」と言われてしまいました。

　Aさんと行政への2回目の聴き取りの後、担当医から「小児科医として、ファミサポの関係者に一般論としてのうつぶせ寝の危険については伝えたいので次回の聞き取りの際に5分ほど入室したい」との申し出がありました。さつきの件はRSが原因なのであくまで別だ、とする姿勢に疑問を感じながらも、その注意喚起自体に異論はなかったため、了承しました。ところが、3回目の聞き取り当日、Aさんへの事実確認の途中で会議室に現れた医師は、まず私たち家族に外に出るように指示しました。さつきの担当医の指示に抵抗もし難く、申し出の通り5分程度の注意喚起目的であれば大きな問題はなかろうと信じ従いました。ところが、20分後に出てきた医師は首をかしげながら「ご両親のお話と彼女のお話に違いがあるように思う」と言いました。そして、さつきの状態やRSについても話したということがわかりました。私たちはまずは事故の状況確認を正しく行うため、その時点ではAさんや行政にはRSについては伝えていませんでした。他の多くの保育事故事例で、子どもの側に何らかの病因があるとそれがすべての原因とされ、肝心の預かり状況などの事実の解明が難しくなることを知っていたからでした。一体、医師は何のためにこの聞き取りの場に現れたのだと不審にさえ思いましたが、いずれ関係者には伝えるつもりだったことなので、気を落ち着けて聞き取りに戻りました。しかし、その後もほとんど沈黙を続けたAさんは、この日を最後に聴き取りの場に現れなくなりました。

　医師からは後に謝罪がありましたが、事故当日の社協職員の言葉からもわかったように、家族の許可なく患者の個人的な情報を不用意に他人に伝える

1 事故発生から裁判に至るまでの経緯　21

姿勢と、それが及ぼした影響については、納得し難いものがありました。

● 行政の対応と、募る不信感

　毎回の聴き取りの記録は社協で作成することになっていました。1回目の聴き取りの記録に抜けや間違いがあったため、2回目の聴き取りの時間を使いその訂正を一語一句全員確認で行いました。ところが後の改訂稿にもその訂正が正しく反映されておらず、私たちは記録の作成についてはあきらめるとともに、八尾市や社協への不信感を募らせました。

　八尾市と社協の職員は毎回複数人が交代で聴き取りの場に出席していました。聴き取りを重ねるごとに、責任の所在を互いに投げ合い、うやむやにするような発言が出始めました。制度の不備を感じながらも、せめてこの件についての対応は市も社協も協力して誠意をもって行ってほしいと伝えました。

　4回目の聴き取りが12月22日に設定されていましたが、ついにAさんは現れませんでした。そのことについての社協の説明も明らかな嘘とつじつまの合わない話に終始しました。本人から事実確認ができない以上は事が進まないので、八尾市と社協には聞き取りが再び実施できるよう働きかけてほしいと依頼しました。聴き取りと並行して社協に対し保険に関しての説明を求めていたため、それから数日はその対応をしていました。

　この頃、八尾市に情報開示請求をしていたさつきの救急活動報告書を確認することができ、「窒息の疑い」との記載を見てやはり、と感じました。しかし、もうAさんに事実を確認できる機会はないのかもしれない、と不安に思いました。消防職員に尋ねたところ、この記載は救急対応に当たった医師に初期状態などを聴取した上で、隊員の活動の最後に行ったとのことでした。

　込み入った事故対応が続いていましたが、さつきの治療についての厳しい議論と決断が連日続いていた時期でした。年末になっていたこともあり、正直すこし休んでしばしさつきの傍で静かに過ごしたいと思いました。ICUスタッフの方々の配慮で、さつきの部屋ではクリスマスソングを一緒に聞き、

大みそかは特別に付き添いベッドと古い小さなテレビを運び入れてくださったので家族三人で並んで年越しをすることができました。その間だけは、難しいことを何も考えずださつきと穏やかに過ごしました。

（4）さつきと共に、真実を求めて

●明らかな対応の変化

　年が明けると、行政側の事故対応が一変していました。社協から、「Aさんはファミサポの紹介で保険会社の弁護士を代理人に立てたため、これ以降の聴き取りや直接の話し合いはできない」と伝えられました。さらに、「ファミサポは会員同士の準委任契約（契約などの法律行為でない事務の委託）であり、この件は個人間で解決されるべきである」との話がありました。

　私たちは、過失や賠償の責任と、ファミサポ実施者として事故に対応する責任とは別物であり、Aさんが弁護士に依頼したことが即ち八尾市と社協が事実確認のための関与ができなくなることではないはずだと尋ねましたが、「そうなっているのだから仕方がない」と頑なに拒否され、以降も同じことを理由に押し問答が続きました。

　4月になり、八尾市はファミサポの会則を変更しました。新しい会則と入会時に受け取った会則を比較したところ、変更後の会則に「「相互援助活動」は会員双方の自由意志で、準委任契約に基づくものである」ことや、「事故は当事者間で解決する」こと、また「法律上の責任の有無は裁判で判断される」こと等が追加されていることがわかりました。起こった事故の究明もしないままに、「安全性の向上のため」に会則を変更しました、と公言した八尾市に対し、これでは責任放棄による保身という意味での「組織にとっての安全向上」じゃないか、と怒りを覚えました。

　同じくしてこの件を担当していた課長以下の職員はすべて入れ替わり、新しい担当者とは話が停滞することもしばしばあり、たいへん疲れました。担当者はその翌年も入れ替わり、私たちはますます途方に暮れることになりました。

●警察への相談

　一般的に、保育施設等で子どもが突然死した場合、搬送先の病院で死亡が確認されると「異状死」として警察に通報されますが、さつきの場合は病院で心肺蘇生に成功したためか、通報はされていませんでした。また、ファミサポのセンターや行政もこの事故を警察や一般に明らかにしなかったため、当初は警察の介入は一切ありませんでした。私たちも、Aさんが真実をすべて話し、然るべき謝罪が受けられるのであれば、刑事罰を望むこともないと考えていました。ところが、聞き取りの状況や行政の対応が難航してきたことで、私たちは自分で警察へ相談に行かざるを得なくなりました。

　窓口となった刑事に一通り事情を説明すると「それは民事裁判で解決したほうがよいから、弁護士に相談を」と言われ、たいへん驚きました。事件性がない、原因がはっきりしない以上は刑事事件として動くのは難しい…等々の説明を受け、元気だった子どもがうつぶせに置かれた後に心肺停止して脳死状態になった、というこの事実があっても、業務上の過失と捉えた捜査すらしてもらえないのか、と衝撃と落胆があまりに大きく、再び、事故に遭ってなお厳しい現実を突きつけられた思いでした。

●事故を公に──保育運動、報道機関への協力依頼

　行政機関を前に私たちのような一般の一家庭は無力であることを痛感し、その後は赤ちゃんの急死を考える会を通じて紹介を受けた地域・全国の保育運動団体、八尾市議会議員の方々、報道機関の方々など、多方面に渡ってお会いし、協力をお願いしました。できるだけ事を荒立てず解決することが当初からの私たちの願いでしたが、もはやそうせざるを得ない状況でした。

　議員や報道記者の方々とお話する中で、八尾市側がかなり早期から「あれは事故ではない、病気だ」という説明をしていたことがわかり、やはり、と不信感はさらに増しました。社協の対応は年明け以降同じことの繰り返しになっていたので、私たちはファミサポ事業の実施主体である八尾市に対して、市長に手紙を書く（2011年5月）、議会で質問していただく（2011年9月）

等の行動を取りました。ところが、市の職員は議会答弁において事実と異なる説明を繰り返し、私たちを落胆させました。

議会質問により八尾市が厚生労働省に事故報告を提出していたと知り、担当課に写しを求めましたが断られました。やむなく情報開示で手に入れた写しは、ほぼすべてが真っ黒に塗りつぶされていました。他の子育て支援事業での事故について

も公文書公開請求をしていましたが、さつきの事故に関する文書だけ明らかに黒塗りの個所に違いがありました。その多さは視覚的に圧迫感があるだけでなく、関係者の悪意が感じられるようで、私は恐ろしさすら覚えました。

当時の八尾市担当課の職員は私たちに平気で嘘をつくようになっており、こちらの指摘などで返答に窮すると「見解の相違です」とばかり繰り返すようになり、私たちからの情報公開請求に対する不適切な対応もありました。この件は当事者間で解決すべきで事故調査は行わないという立場を取る一方で、私たちに八尾市立病院のカルテや診断書ばかりを求め、その請求理由も時によって変わったため、私たちは全く彼らを信用することができなくなりました。すべてのことは文書に記し、残さなければならないような状況になっていました。電話をかけるのも毎回気が重く、電話や面談の際は毎回、今日はどんな対応をされ何を言われるのかと心臓がギュッと縮こまるような思いをしていました。それでも、逃げてはすべてが止まり放置されることは明らかだったため、さつきに起こった現実以上につらいことはないのだと気を奮い立たせる日々でした。

● さつきの病棟移動

年が明けて間もなく、ICUから一般病棟へ移動することやそれに伴う気管切開、在宅医療への移行についての決断をしなければならず、担当医師とは

何度も相談を重ね、付き添いの合間をぬっては当たりうる文献や相談機関をたずねました。担当医師は、さつきはいわゆる脳死であり脳死は人の死で、気管切開は管理上の処置だとの考えでしたが、私たちは気管切開をこれからもさつきが生きていくための前向きな処置だと捉えなおし、将来的には在宅医療での生活も視野に入れようと、手術と病棟移動に同意することにしました。

　2011年2月に小児病棟へ移動した後は、24時間の付き添い体制が始まりました。連日鳴るアラームの音や、さつきの呼吸状態の急変で、落ち着いて寝られた夜はありませんでした。新年度を機に夫は仕事に復帰し、食事も睡眠も含めた家族生活のすべてが3つの場所に分断される形になりました。

　担当医をはじめ、看護師や医療相談員の方々の支援を受けながら、私たちは少しずつさつきの看護に必要な知識と技術を習得しはじめました。ところが、私たちと担当医師の間ではさつきの生死の捉え方に加え、肝心の「在宅生活」についての考え方でも合致しない点が多く、悩み苦しむことが多くありました。私たちにとって在宅に移行するということは、自宅で静かに死を待って暮らすのではなく、さつきとともに「生活」するということでした。

　複数の施設や団体、専門家への問い合わせを続けた結果、幸運にも家族の希望に沿ったアプローチと専門的な支援が得られる医療福祉機関に繋がることができました。そしてついに2011年10月、八尾市立病院の同意と協力を得て、大阪発達総合療育センターでの在宅移行訓練と準備が始まりました。さつきは1歳4か月になっていました。

● 事故調査を求める請願と署名

　さつきの容態がいつ急変するかもしれない日々の中で、さつきを含む家族の生活の立て直し、病院との話し合い、そして八尾市への働きかけを並行して行わねばならず、多方面で過酷な状況が続いていました。私たちは当初から穏便な事故の解決と、それを教訓とした安全対策向上を望んで行動していましたが、その思いは幾度となく踏みにじられました。

　9月の議会質問を受けて、八尾市と社協はファミサポの「安全対策マニュ

アル」を作成し、会員に配布しました。さつきの事故を教訓としないどころか、向き合うことすら避けた状況下で作成された安全マニュアルは、不十分な点の多い上滑りしたものでした。また、議会での答弁もその場しのぎの嘘とごまかしに終始していました。議会後に面談した担当職員からは、法的な解決以外に方法はない、とまで言われ、ある時にはAさんの代理人弁護士から求められていたさつきのカルテや診療録の送付を早急に行うよう言われるなど、不適切で不自然な対応が目立つようになってきていました。しかし訴訟とは争いの場であり、私たちにとっては最も避けたい、いわば最後の手段でした。

　11月に入り、事故から1年を迎えました。さつきは既に療育センターで新しいアプローチを受け、さつきの身体にも私たちの気持ちにも前向きな変化が起こっていました。一方で、事故については一年経っても何も進んでいませんでした。私たちは事故や八尾市の対応の問題を地域にもっと知ってもらいたいと考え、事故から1年を機に街頭でチラシを配りました。事故対応の責任が制度として定められていないからといって、八尾市が事故を放置し民間での解決を求めても良いということにはならず、八尾市にはファミサポ事業実施者の責任として果たすべきことがあると考えていました。そして、保育運動関係者の方々と相談し、2011年12月議会で、第三者による委員会を設置しての事故調査を求める議会請願をすることにしました。

　再発防止を目的とした事故調査は当初からの私たちの希望であり、報道や運動による大きな拡散の効果で全国から賛同が得られ、1か月の短期間で7万9千あまりの署名をいただきました。委員会での審議は長時間に渡り、結果は「趣旨採択」となりました。

● 八尾市の約束

　事故は大きく報道され、世間の関心も高まっていましたが、結局八尾市は第三者による事故調査を拒否しました。しかし、私たちを最も傷つけたのはその決定自体ではなく、後に続く八尾市の対応でした。

八尾市は請願審議の過程で、せめて市職員による庁内委員会を設置し事実確認は再度行うと答弁し、私たちにも12月議会終了後の面談でそのように伝えていました。私たちは市の職員だけで構成される委員会での事実確認がどのようなものになるのか不安を覚えながらも、再度の聴き取り等を行い当日の状況を明らかにする姿勢なのであれば、こちらも必要な時期や過程でカルテなどの情報を提供する用意はあることを伝え、委員会からの連絡を待っていました。

　この間は大阪発達総合療育センターでの訓練と並行して、転居を含めた在宅医療移行の準備中であり、また第二子を妊娠していたため、動向を気にしつつも慌ただしい毎日を過ごしていました。2012年3月、さつきは事故以降1年4か月に渡る入院生活を終え、ついに転居先で在宅医療生活を始めましたが、それ以降も八尾市からの連絡はありませんでした。

● 突然の「事実経過報告書」

　年度が変わった2012年4月、市の新しい担当者から「事実経過報告書」なるものができた、という知らせを受けました。約4か月に渡って私たちには内容の確認どころか聞きとりも進捗状況の報告すらなく、この経緯は相当ひどいものでしたが、「報告書」の中身も相当にひどいものでした。二転三転していたAさんの説明は八尾市によって当たり障りないよう「事実」として整理されていました。私たちについては「診療録提出などの協力がされなかった」と記述され、それを理由に事故の解明ができなかったかのように書かれていました。そして、「報告書」は3月に発行されており、既に厚生労働省や市長会などで報告されていることもわかりました。

　あまりの事態を黙ってやり過ごすことはできず、私は妊娠中の身体をおして撤回要望書を書き、市に提出するとともに、市議会各会派の控室を回りました。しかし約1か月八尾市からの連絡はなく放置され、私はその間に行われた2012年6月議会答弁の傍聴で、市長の「撤回の要望には応じない」という決定を知ることになりました。さらに、庁内委員会は結局新たな事実確

認は実施せず、事故当初に行った聞き取りをまとめる作業を行う形に方針を変えていたということも明らかになりました。

この議会での答弁内容が事実無根の市側の一方的主張に終始していたため、臨月になっていた私はこれで最後だと気力を振り絞り、必死の思いで答弁への抗議文と報告書撤回の再要望書を書き、提出しました。この二通の要望書作成はほんとうに骨の折れる作業でした。そして約1か月後、八尾市から郵送でA4一枚の文書回答が届き、「報告書」は撤回しないことが改めて述べられていました。

● 提訴へ

事故から3年間、円滑な解決を願って取りうる手段のすべてを取ってきましたが、残された道はもはやすべてをあきらめて泣き寝入りをするか、民事裁判をおこすかの二つになってしまいました。

2012年夏にさつきの弟が誕生し、以降は在宅医療での二人の子育ての傍らで弁護士の先生や運動、報道の方々と裁判への準備を重ねました。さつきは秋に原因不明の状態悪化を起こし入院しましたが、約1か月の闘病の後に奇跡の回復を遂げ、以降は体調も安定し、弟の発熱時や裁判の打ち合わせなど大事な時はいつもと言ってよいほどアラームも鳴らさず、賢く協力してくれていました。

ところが2013年10月、訴状もほぼ整い、提訴時はさつきも原告として裁判所に出向き記者会見を行うための段取りも考えていた矢先、さつきの体に再び異変が現れ、ついに頑張りの限界を迎えてしまいました。その日に亡くなってしまっていてもおかしくないような事故から3年、生死の境も幾度となく経験しながら、ほんとうによく頑張りぬいてくれました。

さつきの身体との別れが終わり、原告を私たち二人に改め、さつきが亡くなるまでの経過を含めた訴状を作り直し、2013年11月に提訴と記者会見を行いました。

(5) 問題はどこにあったのか？

　事故発生から裁判に至るまでの約3年を振り返り、問題だと感じたことをまとめます（事故以降に法令等が整備され、現在では状況が異なるものについてはそのことも含めて記述します）。

　①「ファミサポ」そのものが、国と自治体の制度であるにもかかわらず、責任の所在を明確にしないまま運営されている

　賠償に関する責任、事故に対応し再発防止に努める責任のいずれにおいても明示されていないことが、事故対応に混乱を来した要因の一つでした。事故発生時の対応（事故報告や事後検証）については、段階を経て制度が整備されつつありますが、事業実施にかかる多くの事項が自治体の判断に委ねられている状況は変わりません。

　②八尾市の判断

　上記のような状況は、見方を変えれば、自治体の裁量で運営における様々な努力が可能だということになります。しかし、八尾市はこの件を「子どもの体調が急変した事象」とし、真摯に対応することを避け続けてきました。たとえ事故対応の責任が制度上明確に定められていなくとも、子どもと市民の安全向上のために、独自に取り組むことはできたはずだと考えています。

　③補償保険の問題

　ファミサポの実施要綱（子育て援助活動支事業〈ファミリー・サポート・センター事業〉実施要綱）には「補償保険に加入すること」という項目がありますが、その補償内容までは定められておらず、自治体がそれぞれ民間の補償保険会社と契約しているのが現状です。民間の賠償責任保険は過失を前提としており、過失認定と支払いを回避するため保険会社と契約した弁護士が保育者・施設側の代理人となり、事実解明が困難となるこの件のような

ケースは、認可外の施設での事故事例にはよくあります。

　過失や損害賠償に捉われず事実解明が進められ、本人や家族が適切な補償を受けられるようにするために、日本スポーツ振興センターの災害共済給付制度のような無過失補償の拡充が必要です（2018年7月現在、一部の認可外施設まで対象が拡充されていますが、ファミサポは未だ加入の対象外です）。

　④警察対応を含め、子どもの事故に適切に対応する仕組みがなかった
　この件では前述のように事故発生当初は警察の介入がなく、現場検証などの初動捜査が行われませんでした。また、当時は保育事故の検証制度もなく、八尾市は調査を拒否し続けたため、専門家による検証もされず経過してしまいました。

　警察の介入がある事故例であっても、解剖や告訴など事態を動かす重大な決断が家族の判断に委ねられているのが現状であり、これはただでさえ事実を受け止めきれない当事者にとっては大変酷なことです。また、それぞれの場面での判断によって得られる情報量が変わってくるため、後に保育事故検証制度にもとづく検証が実施された場合も、その調査範囲と内容に制限が生じかねません。そして、担当する警察官によって対応が大きく異なるという事実もあります（さつきの事故については民事訴訟の提訴後に新しい担当刑事さんから連絡があり、熱心に捜査を進めてくださいました。民事裁判での援助会員の答弁内容も許し難く、2014年4月に刑事告訴を行いました）。

　事故が適切に対処され、再発防止につなげていくためにも、また起こったことを正しく解明し当事者に伝えるためにも、そして亡くなった子どもの人権を保障するためにも、子どもの事故死については等しく調査する仕組みの構築が必要です。現在その議論（CDR〈Child Death Review〉制度化）が専門家によって進められており、今後の動向に注目したいところです。

コラム

どんな保育も"専門家たる保育士"であたりたい

全国民間保育園経営研究懇話会　石川幸枝

おじいちゃんの訪問

「生後5か月の孫のことで相談があります」とさつきちゃんの広島の祖父にあたる方が私の勤務（当時園長）する保育園に訪ねてこられたのは、事故があった2日目のことだったと思います。

「預けたファミサポの援助会員のところで、元気だった孫が突然心肺停止となってしまい病院で何とか蘇生はしたものの脳死状態となったようで……」。そのおじいさまとは面識はありませんでしたが、どなたかが私を紹介されたとか。

重大な事故が起こった様子。

しかし、正確な情報が得られているわけではないようなので、一刻も早く正確な情報を得るためにも当事者と会って、詳しく聴いてくださる方が必要と考えて「赤ちゃんの急死を考える会」の小山義夫さんを紹介しました。私自身が「全国保育団体合同研究集会（全国合研）の"保育施設の事故から学ぶ"」という分科会の世話人を担当していたこともあって、すぐに小山さんが頭に浮かび連絡方法などを紹介したのです。

藤井さん夫妻との出会いは
全国合研の分科会

事故のあった翌年の夏の全国合研で、事故当日の朝撮ったという愛くるしいさつきちゃんの写真を前に藤井夫妻がその事故の報告をされました。

お母さんが病院で診察を受ける間の1時間、市が紹介した援助会員の自宅に預けて2回目のことだったそうです。

1時間後診察を終えて迎えに行くと、さつきちゃんに異変が起きていたとのこと。救急車で病院に運ばれ蘇生はしたが、脳死状態となってしまったことなどあまりにもつらい報告で、語る夫妻も聞かせてもらう私たちも息がつまる思いでした。

まだ脳死状態のさつきちゃんは、小さいからだで頑張っているとのこと。

さつきちゃんが奇跡的に息を吹き返し元気になってくれることを祈りたい。しかし、その祈りは叶えられるだろうか？誰もがそれは厳しいと思いながら……。

たった1時間預ける間にが起きたの？

　生後5か月で、まだ人見知りはしなかったかもしれませんが、乳児にとって自分の布団以外で眠ることは大きなハードルです。

　乳児にとって「泣くこと」は言葉だから、泣いたら抱っこして対応することが保育であり、何か伝えたい要求があると理解してほしい。

　「泣いたのでうつぶせにして寝かせた」と援助会員が語ったとのこと。「うつぶせ寝は、家ではさせていない」とお母さんは伝えていたという。子どもの立場になって思いをめぐらしてほしかった。子ども権利条約を生かす保育であってほしかった。たった1時間、親と離れて不安な気持ちもあったかもしれないさつきちゃんをずっと抱っこしていることも可能だったはず。

　預かっていたのはさつきちゃんだけだった。保育にあたる人は何をしていたのか!?

　事故後、市は当事者間の問題という姿勢で対応してくれない。当の援助会員も事実をきちんと話す姿勢がない。

　どうしてこのようなことが起きてしまったのか、真実が知りたいと願う保護者。

子育てのベテランと専門家としての保育士とは違う

　子どもを育てた経験がある人とプロとしての保育士との違いをつくづく考えさせられる事故でした。

　保育士は、短大や大学で専門の学問を受けてプロ意識を自覚して保育に当たります。保育士の役割は、子どもたちの心身の成長発達を促すこと。そんな自分が気づけないことは自分自身が保育士として認められない。一方自分の子どもを育てた経験に少しの研修を受けただけの人では、プロ意識がもてないのではないでしょうか。

　一時預かり保育といえども「保育」はすべて専門教育を受けた保育士があたるべきと考えさせられた事故でした。日本の保育の大いなる弱点がここにあるとも思いました。

　保育士は国家試験に合格して登録した者なのに、そのような格付けがない状態となっている現状を変革して教員のように位置づけたいものです。

　保育事故をなくすためにこれも大事なことではないかと思います。

2 民事裁判の経過と意義

弁護士　岩本　朗

(1) 藤井夫妻との出会い

　私が藤井夫妻と初めて会ったのは2012年7月のことでした。私は、子どもの権利に関する案件を多く担当してきましたが、これまで、保育に関する案件については距離を置いていました。自分自身に保育所を利用した経験がなかったことが影響していたかもしれません。このため、最初の段階では、率直なところ、それほど積極的な気持ちで相談を受けたわけではありませんでした。しかし、藤井夫妻の切実な思いと真摯な姿勢に触れて、何とか藤井夫妻の思いに応えたいと思いました。また、うつぶせ寝事故においては、施設側から、窒息ではなく、SIDS（乳幼児突然死症候群）による死亡であるとの反論がなされることが多く、医学的な論争に対応できる代理人が担当することがふさわしいことを認識しました。本件では、SIDSであるとの反論がなされるかどうかは不明であるものの、RSウイルス感染による呼吸停止であるとの反論がなされる可能性が高く、やはり医学的な論争が避けられないことがわかりました。私は、これまで、患者側の立場で相当数の医療過誤案件を担当してきており、一般的な弁護士と比較して、訴訟上の医学的な論争には慣れています。このことも受任の決断を後押ししました。

　保育事故に限りませんが、立証に多大の労力を要する損害賠償請求訴訟を単独の弁護士で担当することは負担が大きすぎるし、必要とされる活動を十分に行えないことにつながります。そこで、当時私の事務所に所属していた寺田有美子弁護士と共同で受任することにしました。

(2) 提訴に向けた準備

　損害賠償請求訴訟においては、どのようにして事故が起きたのかという事

実関係と、事故の原因となった加害者の注意義務違反（過失）の立証責任は原告にあります。また、注意義務違反がなければ結果発生が避けられたということ（因果関係）も、原告が立証しなければなりません。したがって、闇雲に提訴して裁判に持ち込むことは適切ではなく、提訴前に一定の調査活動を行ったうえで提訴しなければなりません。

事実関係については、調査には限界がありました。本件は、ファミサポ事業の援助会員であったＡさんがさつきちゃんを預かっている間に起きた事故であり、預かりの間に何が起きたのかを知っているのはＡさんだけです。Ａさんとの間では、事故後、藤井夫妻を含めた関係者が立ち会って複数回の聴き取りが行われていましたが、聴き取りの際のＡさんの説明内容は、情報量においても、また内容においても、藤井夫妻を納得させるものではありませんでした。ただ、Ａさんは、預かり中にさつきちゃんをうつぶせ寝にしたこと自体は一貫して認めており、この点は争いがありませんでした。うつぶせ寝にさせたことに加えて、Ａさんの預かり中の行動については詳細に明らかにする必要がありましたが、これは訴訟におけるＡさんの本人尋問の場で解明するしかありませんでした。

医学的な争点については、さつきちゃんが救急搬送され、その後入院して診療を受けた八尾市立病院の診療記録の内容を検討し（既に藤井夫妻が入手済みでした）、新たに小児科専門医の意見を求めました。その結果、さつきちゃんがRSウイルス感染による呼吸停止を起こした可能性は極めて低いことが確認できました。

藤井夫妻は、事故後の八尾市及び八尾市社会福祉協議会（以下、社協）の対応について強い疑問と不信感を抱いており、ファミサポ事業自体の仕組みが不十分であることについても問題意識をもっておられました。このため、両者に法的責任が認められる根拠についても一定の調査検討を行いました。

（3）訴訟内容の変更

私が受任を決めた時点では、さつきちゃんは自宅に戻って生活をしてい

ました。民事訴訟における損害賠償の内容としては、さつきちゃんが窒息によって低酸素性脳症となり、重度の後遺障害を負ったことについての損害賠償請求を準備していました。

しかし、さつきちゃんは、2013年10月10日、藤井夫妻に見守られて亡くなりました。このため、損害賠償請求の内容は、やむをえず、さつきちゃんが死亡したことについての損害賠償請求に変更することになりました。

（4）訴訟における藤井夫妻の主張内容

2013年11月28日、大阪地裁に損害賠償請求訴訟を提起しました。被告（訴訟の相手方）は、援助会員のAさん、八尾市、八尾市社会福祉協議会の三者です。訴訟において、それぞれが責任を負う根拠として主張した内容は概ね以下のとおりです。

1　前提としての知見

乳幼児のうつぶせ寝について、これが窒息・SIDS等の原因となりうることは本件事故当時既に常識となっていたことを主張しました。八尾市が交付していた母子手帳にも「うつぶせ寝、やわらかいふとんなどでの窒息」が1〜6か月の月齢の児に起こりやすい事故として明記されていたことなどを根拠としました。

2　援助会員Aさんの責任

Aさんには3つの注意義務違反があったと主張しました。

まず、Aさんには、さつきちゃんをうつぶせ寝にせず、仰向けに寝かせるべき注意義務があったのに、うつぶせ寝にさせた注意義務違反があることを主張しました。

次に、Aさんには、生後5か月のさつきちゃんを預かった以上、さつきちゃんのそばを離れず、頻回にさつきちゃんの様子を確認するべき注意義務があったのに、これを怠った注意義務違反があることを主張しました。預かりの間のAさんの行動は不明確ですが、真希さんが戻ってきた際に既にさつき

ちゃんが冷たくなっていたこと、Aさん自身が預かり中にトイレに行ってさつきちゃんのそばを離れたことを認めていたこと等から、Aさんがさつきちゃんに対して十分な観察をしていなかった可能性が高いことを主張しました。

最後に、Aさんには、さつきちゃんが呼吸停止に陥っていることを発見した後、速やかに救急車の出動要請を行ったうえ、救急隊が到着するまでの間、さつきちゃんに対して、胸骨圧迫及び人工呼吸による救命措置を行うべき注意義務があったのに、これを怠った注意義務違反があることを主張しました。Aさんは、胸骨圧迫を行わなかったことは認めていました。人工呼吸については、行ったかのごとき説明をしていましたが、実際に行ったのかどうかは疑わしく、仮に行っていたとしても、方法が不適切であったことを主張しました。

3　八尾市と社協の責任

八尾市は、ファミサポ事業の実施主体であり、社協は、八尾市から運営委託を受けていましたが、それぞれの立場で、3つの注意義務違反があったと主張しました。

まず、事故防止についての講習義務違反があったと主張しました。援助会員に対して実施されていた講習では、子どもの安全確保・事故防止について、独立した項目が設けられていませんでした。また、窒息事故やSIDSの発症の防止のため、うつぶせ寝を避けるよう、講習を通じて会員に周知徹底を図ることも行われていませんでした。

次に、救急救命措置についての講習義務違反があったと主張しました。援助会員に対する救命救急の講習は登録時にしか行われておらず、Aさんも、2015年に1度受講しただけで、その後は講習を受講していませんでした。

最後に、適切な会員に預かり保育を依頼できるよう調整する義務違反があったと主張しました。事故後、八尾市は、市議会において、乳児（ゼロ歳児）を預かる場合には、①保育士資格をもっている会員、②長年子どもを預かって経験が豊富な会員、③一時保育の対応状況を保育士が観察して、この人なら大丈夫という会員から適任者を紹介することにしていた旨説明していま

した。しかし、Aさんはこれらの基準を充たさず、月齢の低い乳児についての預かり保育の依頼にあたって、適任者に預かり保育を依頼できるよう調整する義務の違反があったと主張しました。

（5）提訴後の争点

● RS ウイルスによる呼吸停止

　被告らは、いずれも法的責任を争いましたが、被告らが最も重視した根拠は、さつきちゃんの呼吸停止は、窒息によるものではなく、RSウイルス感染によるものであったということでした。

　既に述べたとおり、被告らには因果関係についての立証責任はありません。したがって、被告らとしては、特定の原因を主張するのではなく、複数の原因を主張することも可能でした。具体的には、RSウイルス感染による呼吸停止の可能性に加えて、SIDS（類似の病態）による呼吸停止という主張も並列的に行うことが可能でした。しかしながら、被告らは、訴訟の最終段階に至るまで、SIDSであるとの主張は行いませんでした。単純に訴訟上のテクニックとして考えれば、SIDSであるとの主張を行うほうが被告らにとって有利であったと考えられます。被告らが主張をしなかった理由はわかりませんが、さつきちゃんの診療にあたった八尾市立病院の医師たちがRSウイルス感染による呼吸停止であるとの見解をとり、藤井夫妻にも執拗にこれに基づく説明を繰り返していたことから、この見解を変更するかのような主張はしにくかったのでしょうか。

　RSウイルス感染による呼吸停止であるとの被告らの主張の根拠は、①入院直後のRSウイルス検査（迅速診断キット）で陽性となったこと、②入院時に呼吸器に対する炎症とみられる症状が生じていたこと、③RSウイルスは、乳幼児の突然死を引き起こすウイルスであることでした。

　このうち、①は、さつきちゃんの鼻汁について検査を行った結果、陽性であったということです。原告側は、仮に鼻汁内にRSウイルスが存在していたとしても、ただちにRSウイルス「感染」を意味するものではなく、passenger（乗

客）として存在した可能性もあること（これについては、被告らが提出した医学文献にもその旨の記載がありました）等を反論として主張しました。②については、さつきちゃんは入院時に蘇生措置を施されていたことから、これに伴って炎症とみられる症状が生じていたに過ぎないと考えられることを反論として主張しました。

　③について、被告らは、河島尚志医師及びその研究グループの医師らが作成した医学論文や医学文献を多数証拠として提出し、RSウイルス感染による呼吸停止が起こる可能性が医学的に認められることを立証しようとしました。しかしながら、被告らが提出した文献で紹介されている具体的症例に立ち入って検討してみると、さつきちゃんがRSウイルス感染による呼吸停止を起こしたことを裏付けるものとはいえないことが明らかになりました。そもそも、具体的な症例が複数の文献で重複して紹介されており、一見すると16例あるようにみえる症例が実質的には8症例にすぎないなど、症例数が限られていることも判明しました（この点については、藤井朋樹さんが分析に力を発揮してくれました）。そのうえ、生後5か月というさつきちゃんの月齢に相当する月齢の症例がほぼ存在しないことも明らかになりました。さらに、ほぼ全ての症例において、児に基礎疾患があったり、呼吸器症状や発熱、痙攣などの症状が先行するなどしており、基礎疾患がなく、先行する症状もなかったさつきちゃんにはあてはまらないことも確認できました。そこで、原告側は、これらの点を詳しく指摘するとともに、RSウイルス感染による呼吸停止とは考えられないことについて、臨床経験豊富な2名の小児科医師の意見書を提出して、RSウイルス感染による呼吸停止とは考えられないことを説得的に反論しました。

　被告らからは、これに対して、河島医師の研究グループに属していた医師作成の意見書が提出されましたが、さつきちゃんに呼吸器症状が先行していたことを前提とする意見であり、十分な説得力を有するものではありませんでした。

● うつぶせ寝による窒息について

　RSウイルス感染による呼吸停止ではなかったとしても、そのことからただちにうつぶせ寝による窒息であったことにはなりません。さつきちゃんがうつぶせ寝によって窒息に至ったことについては、原告が主張立証しなければなりません。本件では、さつきちゃんは呼吸停止後に蘇生していることから、呼吸停止直後に死亡した事案と異なり、解剖による死因の解明は行われていません。このため、解剖が行われた事案と比較すると、窒息を裏付ける客観的な証拠に乏しい状況にありました。被告らも、うつぶせ寝による窒息であるとの原告側の立証が不十分であるとの主張を行いました。

　これに対して、原告側は、①八尾市立病院の主治医自身がうつぶせ寝による窒息の可能性があることを認めており、このことを記載した診断書案を作成していたこと、②乳児をうつぶせ寝にした場合、いわゆるface downの状態になって、寝具等に顔面を埋めることによって鼻口部閉塞が生じ、窒息に至ることが知られていること、③寝具が顔面に密着しなくとも、呼気に含まれる二酸化炭素を再度吸引することによって、高炭酸ガス血症により呼吸停止に至ることがあるとされていること（再呼吸説）、④さつきちゃんは、フローリング用のマットの上に、厚さ4mm強のホットカーペットを敷き、その上に厚さ2mm弱のカーペットカバーを敷き、さらにその上に厚さ2.2mmのバスタオルを重ねた上にうつぶせ寝にされており、②や③が起きうる状態にあったこと、⑤さつきちゃんはミルクを吐いた形跡があるが、吐いたミルクが咽喉部や気管に逆流し、逆流したミルクによって閉塞が生じた可能性もあることを主張しました。そのうえで、face downが実際に起きうることについて、立証の工夫を行いました。具体的には、過去に「赤ちゃんの急死を考える会」が実際に乳児を育てる保護者の協力を得て作成したうつぶせ寝の実験ビデオを証拠として提出しました。このビデオは、うつぶせ寝にされた乳児が苦痛を訴えて泣いたりもがいたりする姿が多数撮影されており、証拠として提出することについて躊躇を感じる面もありましたが、裁判所にface downが実際に起きることであることを理解してもらうために、提出することにしまし

た。そのうえで、乳児がなぜface downになるのか、そのメカニズムを科学的に解明する必要があると考え、乳児の発達に関する専門家である服部敬子さん（京都府立大学）、平沼博将さん（大阪電気通信大学）、田中真介さん（京都大学）に意見書を作成していただき、証拠として提出しました。私個人の感想も含んだ意見になりますが、この意見書の白眉は、生後１〜２か月の乳児よりも、生後３〜５か月の乳児のほうがface downを起こしやすいことを乳児の発達の観点から明らかにしたところにあると思われます（詳細は『子どもの命を守るために―保育事故裁判から保育を問い直す』クリエイツかもがわ、2016参照）。face downについて、被告側からは、SIDS症例検討委員会が行った座談会「なぜ新生児科医はうつぶせ寝による窒息を考えないか」の記録が証拠として提出され、この中で、ある小児科医が、新生児科で仕事をする小児科医としての経験上、新生児をうつぶせ寝にしても自分で顔を横に向けてface downにはならない等と主張している一方、死亡した乳児の解剖に携わる法医学者は、face downによる窒息が実際の症例としてありうる旨の意見を述べています。このように、臨床医と法医の意見には一見すると大きな対立がありますが、服部＝平沼＝田中意見書が明らかにしているように、生後３〜５か月の乳児について、発達上、face downになりやすい要因があるとすると、臨床医（新生児科の医師は、生後０〜１か月の乳児を中心にみていると思われます）と法医の意見は対立するものではなく、異なる発達段階の乳児の姿をみているだけであって、全く矛盾していないことになると思われます。

● Aさんは一体何をしていたのか

Aさんがさつきちゃんを預かっていた時間は、事故当日午前９時30分ころから10時20分ころまでの約50分間に過ぎません。Aさんと藤井夫妻との間のさつきちゃんの預かりについての法的関係は、準委任契約に基づくものと考えられますが（ただし、藤井夫妻側は当時そのような認識は有していませんでした）、準委任契約上、Aさんは、預かりの間の自らの行動については

少なくとも説明しなければなりません。そこで、原告は、当日のＡさんの行動について、具体的な時間を含めて詳細に説明するよう、繰り返し釈明を行いました。しかし、釈明に応じて行われたＡさん側の主張は、提訴前に行われた聴き取りの内容と大差ない内容であり、藤井夫妻が期待したような詳しい説明がなされることはありませんでした。

●Ａさんはどの程度の義務を負っていたのか

法的な論点ですが、Ａさん側から、注意義務の程度について、大変奇妙な主張がなされました。素人であるボランティアによる短期間の補助的な預かりにおいては、専門家たる保育士による保育などの水準を期待することはできないことは言うまでもなく、身内の人間が行うべき程度の誠実さをもって通常人であれば尽くすべき注意義務を尽くすことが要求されるにとどまるというのです。

Ａさん側は、このような判示をした具体的な裁判例に基づいて主張を行っていましたが、単独裁判官による下級審の裁判例に過ぎず、「身内の人間が行うべき程度の誠実さ」という判断基準は裁判所において確立した判断基準とは到底いいがたいものでした。そもそも、「身内の人間が行うべき程度の誠実さ」というのが、専門家が行う場合よりも低いレベルを指すのか、専門家が行う場合よりも高いレベルを指すのかも文理上不明確であり、このような曖昧な判断基準を用いることは適切ではないと考えられます。

●社協による講習について

Ａさんがさつきちゃんを預かる援助会員として適切な会員であったか否かに関連して、Ａさん及び社協に対して、Ａさんの援助会員としての預かり経験の内容及び講習受講歴について釈明を行いました。このうち、後者について、受講したことを裏付ける文書を証拠として提出するよう求めたところ、社協は、講習受講を確認できる文書が存在することは認めつつ、これの証拠提出を拒みました。このため、原告は、当該文書について、裁判所が証拠と

して提出するよう命ずる「文書提出命令」を出すよう、申立を行いました。この申立をふまえて、裁判所は、まず、当該文書を裁判所（のみ）に提示するよう命じる決定を行い、当該文書を内容を確認したうえで、社協に任意に当該文書を証拠として提出するよう命じました。これにより、Ａさんの講習受講歴を客観的に確認することができました。

(6) 尋問について

●尋問実施に至る経過

　民事訴訟における尋問は、当事者が尋問を行うことを希望する者を申請し、裁判所がこれを採用することによって実施されます。原告は、原告である藤井夫妻、被告であるＡさんに加え、八尾市立病院の主治医及び本件当時のやおファミリー・サポート・センターの責任者を証人申請しました。これに対して、被告側は、主治医及び責任者の証人尋問は必要ないとして激しく抵抗しましたが、裁判所は、いずれも尋問の必要性を認めて証人として採用し、本人尋問とあわせて証人尋問が行われることになりました。

●尋問の結果について

　全ての尋問は、2016年7月26日に集中的に実施されました（午前10時から午後5時まで）。2名の代理人で分担して、5名に対する尋問をやりきることができました。尋問の成果について詳細に紹介することはできませんが、概略を説明します。

［Ａさん］

　事前の準備において、Ａさんは、覚えていないとか、記憶にないという供述をして答えようとしないことが想定されました。このため、Ａさんにこのような言い逃れをさせないため、いくつかの準備をしました。具体的には、①Ａさんからの聴き取りの際に社協の担当者が原案を作成し、Ａさんが手書きで加筆修正をした事実経過についての報告書を証拠として準備し、Ａさん

側が訴訟において主張したり、陳述書に記載している事実との矛盾を提示する、②同様に、八尾市が作成した事故報告書とAさんの主張等との間の矛盾を提示する、③当時のさつきちゃんの体格とあわせた人形を使用し、さつきちゃんの異常を発見して抱き上げた際の行動については、動作で具体的に再現してもらう、④バスタオルに残っていたミルクのシミについての証拠を追加で提出し、ミルクの嘔吐の時期についての疑問も追及することを予め準備していました。

　実際の尋問におけるAさんの供述内容、供述態度はひどいものでした。さつきちゃんをきちんと観察していた根拠として、「（さつきちゃんの顔は自分と反対側を向いていたが）左耳が見えていた」と供述しましたが、このような話は訴訟前の聞き取りの際には一切口にしていませんでした。仮に左耳が見えていた事実があったとしても、そのような観察方法は、寝ている乳児の観察方法として全く不適切です。Aさんは、同じく観察方法として、うつぶせ寝にさせたさつきちゃんの背中をトントンしていたと供述しましたが、寝ている乳児の背中をトントンし続けるという行動は不可解で（乳児が起きてしまいます）、このような行動を実際にしていたかどうか疑わしいし、仮にしていたとしても、このような行動で乳児の様子を観察することはできません。Aさんに対しては、既に述べた事故報告書等を突き付けて矛盾を追及しましたが、Aさんは、覚えていないとか、わからないという答えを連発しました。そして、ついには、Aさん自身が自らの代理人弁護士と打ち合わせて訴訟用に作成し、証拠として提出した陳述書の内容すらわからないと言い出す始末でした。

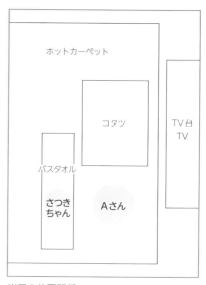

当日の位置関係

この尋問を通じて、裁判所には、Ａさんがさつきちゃんをきちんと観察していなかったことが伝わったものと思います。また、Ａさんが、自らの行動について実際に経験した事実を正直に供述していないのではないか（虚偽の供述をしているのではないか）という疑いも、裁判所と共有することができたように思います。

［主治医］

　主治医の尋問については、RSウイルス感染による呼吸停止との判断根拠が不十分であることを明らかにするとともに、主治医もうつぶせ寝による窒息の可能性を認めていることを確認することが目標でした。前者の関係で、入院時、さつきちゃんに鼻汁の症状があったのか否かが争点になっていましたが（真希さんはそのような事実はないとして否定していました）、主治医は、自分自身は鼻汁を実際に目にしていないと証言し、鼻汁が出ていたことを直接裏付ける証拠は存在しないことが明らかになりました。また、さつきちゃんにみられた喘鳴や肺の症状は、他の原因により生じた可能性があることを明らかにすることができました。後者については、主治医は、自らが作成した診断書案の内容をほぼ認める証言をし、自分自身はうつぶせ寝による可能性を否定していないと明言しました。

［責任者］

　当時の責任者の証言内容は唖然とする内容でした。援助会員についての講習内容や現場の運用は担当者であるアドバイザー任せであった旨証言し、具体的な証言は一切なされませんでした。また、援助会員の紹介基準についての八尾市の議会答弁の内容も認識しておらず、具体的な証言ができませんでした。当時の責任者は、現在は退職しているとはいえ、証人として採用されることが決まった時点で証言に備えた事前準備や打ち合わせを行うはずですが、これらが行われたとは思えないような証言内容でした。

［藤井夫妻］

　予め詳細な陳述書を提出したうえで、口頭で補充してもらう形をとりました。内容が重複しないように振り分けましたが、裁判官や傍聴人にも強い共

感を呼ぶ尋問となりました。

（7）尋問後の立証活動

　尋問が終了すれば、通常、双方が最終準備書面（まとめの書面）を提出して結審する期日を決めて、裁判所は判決を準備することになります。しかし、原告側は、その前に、もう一つ立証を準備しました。Aさんの尋問の中で、タオルケットに残っていたミルクのシミは、Aさんがさつきちゃんの異変に気づいた後、Aさんがさつきちゃんの口に息を吹き込んだ際に鼻からミルクが噴出したことにより生じたものではなく、さつきちゃんがうつぶせ寝にされた状態で嘔吐したことにより生じた可能性が高いことが明らかになりました。Aさんが供述した体勢では、タオルケットのしみのような形にはミルクが滴下しない可能性が高いことが明らかになったのです。この点をさらに明確にするため、平沼さん及び服部さんに再度協力をいただき、当時のさつきちゃんの体格に相当する人形を準備したうえで、息を吹き込んでミルクが噴出した際にミルクがどのように滴下するかについての実験を行いました。その結果を記載した報告書を最後の証拠として提出しました。

（8）和解に向けて

　最終準備書面の準備と並行して、裁判所から、本件を和解により解決することについての打診がありました。原告側としては、被告らの責任を明確にするために、裁判所の判決を得たい気持ちが強くありましたが、裁判所の心証によっては和解による解決を選択せざるをえない可能性もあったため、まずは裁判所から心証（裁判所の認識）の開示を含めた和解勧告を受けることにしました。

　和解勧告は、最終準備書面の提出後である2016年12月27日に行われました。原告側は、最終準備書面における到達点として、さつきちゃんは、鼻口部の閉塞等による窒息の可能性に加え、さつきちゃんがうつぶせ寝の状態でミルクを嘔吐し、嘔吐したミルクが呼吸器に逆流した結果、窒息に至った可

能性があり、さつきちゃんは鼻口部の閉塞かミルクの逆流により窒息に至った可能性が極めて高いことが明らかになった旨主張していました。裁判所の心証開示は、ほぼ原告側の主張に沿うものであり、①バスタオルには1か所大きなシミがあり、これは嘔吐により生じたと考えるのが合理的であること、②嘔吐とこれによる窒息はうつぶせ寝によって生じたと考えられること、③RSウイルスについては、少なくとも預ける前には前駆症状がみられなかったのに、約50分の預かりの間に急激に症状が進むのかどうか疑問があること、④主治医は、RSウイルス感染による呼吸停止であると断定しておらず、窒息の可能性も認めていること等から、Aさんの損害賠償責任を認めるというものでした。うつぶせ寝にしたさつきちゃんに対する観察については、不十分であったとの心証ではあるが、より早く発見された場合に低酸素脳症が避けられたかどうか、因果関係の認定に困難な面があるとのことでした。そして、八尾市と社協については、法的に責任の主体として認めることが困難であるとのことでした。

　原告側としては、事実関係についての裁判所の心証が原告の主張立証に沿ったものであったことについて安堵したものの、八尾市と社協の法的責任が認められない前提で和解による解決を図ることについて大変悩みました。刑事事件の告訴の取り下げが和解の条件とされたことについても苦慮をしました。

　しかし、最終的には、抽象的な表現ではあるものの、八尾市がファミサポ事業における事故発生防止に努めることが和解条項に盛り込まれたこと、Aさんが和解成立の際にさつきちゃんの遺影と藤井夫妻に謝罪をすることが合意されたこと、審理を担当した裁判官たちの和解に向けた対応が藤井夫妻の心情に十分配慮したていねいで誠実なものであり、この裁判官たちのもとで本件の最終的な解決を図ることが相応しいと考えられたことから、原告側としても和解による解決に応じることにしました。なお、和解金額の4000万円は、裁判所から提示された金額であり、原告側はこれをそのまま受け入れることにしたものです。

（9）本件訴訟の意義

●1対1の事故での立証に成功したこと

　本件は、援助会員であったAさんが二人きりでさつきちゃんを自宅で預かっている間に発生しており、加害者である援助会員以外に事故を目撃した者は存在しませんでした。被害者であるさつきちゃんは生後5か月で事故に遭ってしまい、事故状況について自ら語ることはできません。事故後にすぐに被害者が死亡した事案と異なり、物言わぬ証拠たる解剖結果もありません。

　訴訟を担当する弁護士としては、事実関係について立証する手段が限られている中で、常に不安を抱えてたたかっていましたが、Aさんにうつぶせ寝にさせた注意義務違反があり、この注意義務違反とさつきちゃんの呼吸停止との間に因果関係が認められるとの裁判所の心証に到達することができました。

●うつぶせ寝から窒息に至るメカニズムの解明が進んだこと

　裁判の過程で、乳児の発達に関する専門家の協力を得たことで、うつぶせ寝にされた乳児が窒息しやすいこと、特に、新生児よりも、生後5か月前後の乳児が窒息しやすいことについて、説得力のある科学的な仮説に到達できました。この点は、代理人の成果では全くありませんが、本件訴訟における重要な成果であると考えています。

●当事者・支援者等との協働関係〜「拡大弁護団」

　裁判の準備のための弁護団会議を月1回以上開催していましたが、原告である藤井夫妻以外に、ファミサポ裁判を支える会のメンバーや研究者、マスコミ関係者等、多くの人に弁護団会議に参加していただき、一緒に討議をし、時には激しい議論をし、協働して作業を積み重ねました。代理人である弁護士は2名のみでしたが、まさに弁護団体制で取り組むことができました。

● ともに世界を頒かつ

大阪弁護士会の大先輩である石川元也弁護士が、そのさらに先輩である毛利与一弁護士の言葉である「ともに世界を頒かつ」という言葉を表題にした本を出されています。本件において、私たちは、審理を担当した裁判官たちと、「ともに世界を頒かつ」ことができたと思います。第1回期日での意見陳述から最終の和解期日まで一貫した藤井夫妻の真摯で誠実な態度と真相を究明したいという切実な思いは、裁判官たちの心も強く打ったのではないかと思います。おそらく子育ての経験もあると思われる裁判官は、尋問の際には、自分が生後5か月の赤ちゃんを預かっていたとしたら、と考えながら、援助会員の供述をきいてくれたと思います。担当された3名の裁判官に感謝し、敬意を表します。

● 届かなかったこと

代理人としての反省は、ファミサポ事業における事故について、社協や八尾市の責任を認めさせることができなかった点です。被告側の反論の重点が因果関係の点にあり、法律論が焦点にならなかったことにも原因がありますが、法律論を突破できなかったことは、代理人としての力量と努力の不足であったと考えています。

● さつきちゃんとの約束

私は、さつきちゃんの葬儀において、お父さんお母さんと一緒に裁判をたたかって、何があったか明らかにするから、力を貸してほしいと手を合わせました。

5月生まれの二人の子どもの父親として、5月生まれのさつきちゃんとの約束を、なんとか果たせたかなと思っています。

コラム

さつきちゃん事故の教訓を、睡眠時の安全に

岸和田徳洲会病院小児科　橋本　卓

　2012年1月頃、八尾市立病院から生後5か月で一時預かり中に心肺停止状態になり救命できた子どもさんがおり、人工呼吸器に完全に依存状態であるが、岸和田市に転居の希望があり在宅治療を引き受けくれないかとの依頼がありました。このような子どもの在宅治療を引き受ける施設は少ないため在宅看護のナースと相談の上引き受ける方向で検討しました。2012年2月在宅の準備で大阪発達総合療育センターフェニックスに入院中の藤井さつきちゃんと初めて面会しました。自発呼吸が全くなく、人工呼吸器、酸素、経管栄養などが必要な状態でした。2012年3月当院で2週間入院後、在宅に移行しました。週1回の往診、週2回の訪問看護、月1回のフェニックスへのレスパイトといった体制で在宅へ移行となりました。フェニックスで在宅の生活での実技は習得されたと思われますが、人工呼吸器のある24時間の介護は本当に困難なこともあることは容易に理解できます。

しかしさつきちゃんずっと一緒にいること、連れて外出されたりすることもあり入院では経験できない良い時間を過ごされたのではないかと思われます。2012年7月第二子を出産され、その間フェニックスで1か月程預かっていただきました。2012年10月体調が悪化して尿が出なくなり入院、11月頭部に膿瘍があり入院しました。2013年10月始めからまた浮腫が出始め、治療しましたが効果なく10月10日3歳4か月で永眠されました。さつきちゃんはご両親への感謝の気持ちを抱きながら旅立っていかれたと思っています。さつきちゃんが亡くなった後に闘病記を出版されましたが人工呼吸器のある患者さんにはとても良い参考になる本です。大変な生活の中で素晴らしい思い出を残した本だと感じました。

　一時預かり中にファミリー・サポートの会員がうつぶせ寝にしていたことが明らかになり八尾市立病院でRSウイルス感染が原因であるという説明に納得され

ず、最終的に提訴となりました。うつぶせ寝と乳児突然死症候群との関連は1990年代に疫学的調査から危険であることが判明しうつぶせ寝を止めるキャンペーンをしたところ多くの国で死亡率が減少してきたことが発表され、小児科医では常識の知識となりました。突然死の予防のためにうつぶせ寝を控えることは日本でも新聞で紹介され厚労省も推奨しています。しかし保育の現場で残念ながらこの知識が普及しておらず、子どもがうつぶせ寝の方が良く睡眠し、手がかからないためにうつぶせ寝にしている現状があると思います。

通常腹臥位にしていないが急に腹臥位にする"不慣れな腹臥位"は託児所や家庭外の環境で起こりやすく特に危険性が高いとされています。従って乳児を世話する全ての人に対し適切な体位での睡眠について教育される必要があり、全乳児に対して仰臥位睡眠が望まれるとネルソンの小児科教科書に述べられています。

RSウイルスはほとんどの子どもが2歳前までに罹患する疾患です。小児科医にとってよく経験する疾患です。一般的に数日後に呼吸状態が悪化し入院することが多い疾患ですが1～2か月の乳児を除いて感染して急激に悪化して突然死のようなことを起こす報告はほとんどなく、最近では突然死と感染症との関連は否定的な見解になってきています。このようなことを裁判所が認め2017年に原告勝訴の内容の和解案により裁判が終了しましたが、随分長い道のりであったと思います。

2013年10月23日の読売新聞の記事では保育施設での事故のうち睡眠中の事故が8割あり、そのうち6割がうつぶせ寝の状態で発見されたとのことです。事故の検証がなされたのは1割以下であったとのことです。このような重大事故の場合関係機関が調査し再発防止に取り組むべきと思われますが残念ながらこのような取り組みが行われていません。このような事情から裁判に訴える以外解決手段がないのが現実です。

最近保育所が不足し入所困難であることがよく取り上げられています。同時に安全な保育が保証されることは重要なことであると思われます。安全な睡眠の姿勢と睡眠の間の慎重な観察が重要であると思われます。できれば保育に関わっている方が救急蘇生術を習得することがベストではないかと思われます。

3 「ファミサポ裁判を支える会」の取り組み

ファミサポ裁判を支える会　宮脇町子・湯川祥子・岩狭匡志

　2010年11月の八尾ファミサポ事故から裁判開始までの約3年間は、八尾市内で保育運動に関わっているものが中心となり、藤井夫妻を支えながら八尾市や市議会などへの働きかけを行ってきました。

　そして、2013年11月の裁判以降は、「裁判を起こした藤井夫妻を支援するとともに、保育施設・子育て支援事業等において同様の事故が2度と起きないよう、子どもの命と安全を守る取り組みを行うことを目的」として「ファミサポ裁判を支える会」（以下、支える会）を立ち上げて活動してきました。

　ここでは、事故から裁判終結までの取り組みを紹介します。

（1）出会い

　私たちがファミサポ事故のことを初めて知ったのは2010年12月1日付の新聞報道でした。11月30日、「赤ちゃんの急死を考える会」が政府・各党へ保育事故問題で要請を行っており、広島在住のさつきちゃんのおじいさんが、知り合いを通じてこの行動に急遽参加されたことが記事となりました。

　報道から間もなく、八尾保育運動連絡会に赤ちゃんの急死を考える会から連絡が入り、12月7日夕方、まずは連絡会の事務局長がさつきちゃんの入院している病院を訪問し、さつきちゃんのおじいさんとお会いしました。そこから、徐々に相談にのっていくこととなり、翌年春頃、支援の具体化のため八尾保育運動連絡会の中心メンバーと藤井夫妻が顔を合わせることになりました。その際の第一印象は、重篤な事故に会ったわが子を抱きしめることもできない深い悲しみの状態でありながらも、気丈にお話しされていたことが思い出されます。

　私たちは事故当初、ファミサポ事業の詳細な内容のことを知りませんでした。もちろん、日常的に保育現場でファミサポ事業が利用されていて、子ど

もの送迎等が行われていること程度は知っていましたが、提供会員の条件や制度上どのような課題があるのかなど全くのノーマークであり、制度や利用実態をいちから調べるところから取り組みが始まりました。

（2）真実を知るために、少しずつ動き出す

　藤井夫妻は、事故直後から提供会員への事故当時の聞き取りをされており、提供会員も泣き出したさつきちゃんをうつぶせにしたことは認めたものの、詳しい状況を十分に説明することなく直接連絡をとることができなくなっていました。なぜ事故が起きたのか、何が真実なのか、それを明らかにしてもらうため、藤井夫妻は、ファミサポ事業を実施している八尾市に事故調査等の要望を行いましたが、八尾市は「活動は個人間の契約」であることを理由に要望にこたえることはありませんでした。わずか1時間の預かりのなかで起きたファミサポ事故、子育て中の人なら誰が当事者になってもおかしくないにもかかわらず、事故の原因すら明らかにならない状態でした。こんなおかしなことがこのままでいいわけがない、多くの人にこの事実を知ってもらい、社会的な問題にする必要があると、藤井夫妻に様々な集会や会合でお話しいただくこととなっていきました。

　最初のお話は、2011年6月11日の八尾保育運動連絡会定期総会。参加者の多くが藤井夫妻と同じ子育て真っ最中の保護者の前でした。参加者からは、八尾市内で起きた重篤事故の事実に、驚きとともに、悲しみを共有し、八尾市に対する怒り、そして応援していこうという思いが芽生えた総会となりました。

　また、ただ事実だけを知ってもらうのではなく、制度的な課題を明らかにしていくために学習会を開催することとし、同年7月24日に「子どもの命と安全を考えるつどい〜八尾ファミサポ事故から子育て支援制度の問題点を検証〜」を開催しました。この学習会にむけては、事務局が国や市の資料を集めたものを報告するとともに、事故の法的問題について保育問題に詳しい西晃弁護士に講演いただきました。学習会には、大阪府内からの多数のご参加

だけでなく、テレビカメラが数台入るなどマスコミの取材も入り、関心の高さがうかがえるものとなりました。この学習会で、藤井真希さんは参加者と今後もつながっていきたいとの思いから、感想や連絡先を書いてもらう「コミュニケーションカード」

を自ら作られました。このつながりがその後の署名活動や支える会にも活かされ、これ以降、メールで連絡が取れる方々に対して「つどいメール」を発信していくことになりました（これ以降、メール配信希望者を募り、登録者は最終的に100名程。その時々の取り組みや裁判の報告などをメール通信として発信し、2017年5月までに96通となりました）。

（3）初めての全国集会

　毎年8月頃、全国の保育関係者が一堂に集う全国保育団体合同研究集会が開催されます。2011年は群馬県で行われ、赤ちゃんの急死を考える会からの誘いもあって藤井夫妻も参加し、特別分科会「保育施設の事故から考える」でファミサポ事故のことを涙ながらに報告されました。

　この集会参加は、藤井夫妻にとっても、さつきちゃんを家族にまかせての初めての外泊となるので、不安な気持ちと今までの張りつめた気持ちを少しでも和らげてもらおうと、大阪や八尾の保育運動のメンバーと一緒に温泉旅館に宿泊して、夜には卓球大会などの交流会にも参加いただきました。

　この集会を機会に、八尾ファミサポ事故は大阪だけの問題でなく全国的な問題として発信していくこととなり、全国の人々とつながるきっかけとなりました。これ以降、真希さんは毎年特別分科会に参加され、2014年の福岡集会ではオープニングフォーラムでも報告をされています。

(4) 署名の取り組み

　行政が行っている子育て支援制度としての課題が明らかになる一方、事故の原因については何ら進展がないことから、2011年8月末、八尾の運動団体として「事故調査委員会の設置を求める要望書」を八尾市に提出しました。同年9月の八尾市議会でもこの問題が追及されました。しかし、八尾市は「現状に至った原因が明らかでない以上、事故と決めつけることについては、慎重に対応するべき事柄」と一貫して事故調査を拒み続けました。

　こうしたなか、同年10月20日夕方のニュース番組（毎日放送『VOICE』）で「ファミリーサポート制度　事故で問われる自治体の責任」が特集され、事故のことや八尾市の対応が報道され、社会的な関心が高まることとなりました。

　事態が一向に動かないなか、できることをやっていこうと、11月初めに赤ちゃんの急死を考える会の協力のもと厚生労働省に「安全で安心して活用できる制度となるよう改善を求める要請書」を提出。この際に田村智子参議院議員（日本共産党）ともつながることができ、12月初めに政府への質問趣意書を提出いただく動きとなりました。そして、12月の八尾市議会に対して「事故調査を求める」などの請願書に取り組むこととし、わずか1か月の短期間にもかかわらず、八尾市だけでなく全国各地から7万9千あまりの署名を提出することができました。市議会の審議で「原因究明に最大限努力する」と市長が答弁する場面もありましたが、八尾市は事故調査の第三者機関設置を否定し続けました。また、請願の審議では、事故調査について「採択」は少数となるものの、「不採択」ともならず、願意は妥当であるが実現性の面で確信がもてないという意味での「趣旨採択」という結果となりました。また、同時に提出していた請願のうち「安全で安心して活用できる制度となるよう改善してください」の項目については市議会で「採択」されました。

　8月末から12月にかけての取り組みは、非常にめまぐるしいものとなり、藤井夫妻の思いをなんとか実現させたいとの気持ちが多くの人々を突き動かし、大きな運動となりました。結果的に第三者機関の事故調査の要望はかな

えられなかったものの、八尾市や市議会の対応には大きな憤りが渦巻き、八尾ファミサポ事故を藤井夫妻だけの問題にしてはいけないとの機運が関係者の間でも高まったのでした。

（5）在宅生活にむけて

　2011年12月市議会が終わってからも、年末28日に藤井夫妻は市長等と面談しファミサポ事業の運営実態を多面的・客観的に検証することの必要性などを訴えられました。そして、翌29日には事故のことなどの取り組みが中日新聞・東京新聞でも取り上げられることとなりました。

　年が明けて、藤井夫妻はさつきちゃんを初めて病院からの外出として自宅に日帰り遠足させてあげたりしながら、真希さんの実家の近くでの在宅生活にむけた準備をされました。

　八尾市に対しては、3月市議会で国に対する意見書をあげてもらうよう運動団体として取り組み、再び藤井夫妻と共に市議会に要請を行いました。その後も、ことあるごとに市議会で問題を取り上げていただき、国への要請なども行いましたが、八尾市の態度は変わることなく、事故の事実は明らかになりませんでした。

（6）裁判にむけて ── さつきちゃんの死

　藤井夫妻は2012年の夏前から具体的に裁判を視野に入れた動きをはじめながら、7月に第2子の出産をむかえられました。そして、2013年4月頃から裁判を見すえ岩本弁護士らとの相談をはじめられ、私たちも6月以降、その相談に参加することとなりました。

　2013年10月10日、秋の裁判提訴にむけた準備中、一緒に原告になるはずだったさつきちゃんが3歳4か月の命を閉じました。がんばって生きぬいた短い一生でした。私たちは、お通夜とお葬式にお別れに行きました。七五三の赤い着物と髪飾りをつけて、さつきちゃんは苦痛からときはなたれ、安らかな顔で旅立ちました。

(7)「ファミサポ裁判を支える会」の立ち上げ

　2013年11月28日、藤井夫妻は、八尾市、八尾市社会福祉協議会、提供会員に対し、民事裁判を提訴しました。提訴後、記者会見も行われ、藤井夫妻は「八尾市の対応が不誠実であったため提訴にふみきった」「裁判で原因や責任を明らかにしてほしい」と話されました。

　翌日、「うつぶせ寝事故提訴」などと新聞各社が報道しました。

　提訴2日後、2度目となる「子どもの命と安全を考えるつどい」を大阪市内で開催。岩本弁護士や藤井夫妻から裁判提訴の報告をするとともに、「うつぶせ寝の危険について」の学習を行いました。また、赤ちゃんの急死を考える会の小山義夫さんからは「真相究明で困難さを極める保育施設の死亡事故」のお話をしていただき、これから始まる裁判の社会的意義を参加者で確認し、藤井夫妻に寄り添って裁判を支えていこうと決意できた集会になりました。そして、「さつきちゃんの死をうやむやにせず真相究明に力をつくし、原告を支えながら、この裁判の成り行きを見守っていこう」と提訴と同時に支える会を立ち上げ、会員を広めていただくよう訴えました。

　会員の呼びかけは、「つどいメール」の読者や八尾市内・大阪府内の保育関係者、労働組合や各種団体、個人、あらゆるつながりを通して行い、支える会が広がっていきました。

(8) 支える会で大切にしてきたこと

　支える会の活動で大切にしてきたことは主に二つあります。

　一つ目は、裁判にたくさんの人が傍聴に来ていただけるようにすることでした。なによりも原告を励ますということと同時に、この裁判にみんなが関心をもっているということを裁判所に示すため、一人でも多くの傍聴者を組織するために取り組みました。

　毎回の裁判では、傍聴に来ていただいた方々には子どもの保育事故に関する新聞記事やファミサポ制度に関わる資料、街頭宣伝や集会のお知らせ、傍

聴をしての感想文用紙等を資料として封筒に入れて法廷前でお渡ししました。そして、裁判後には、必ず原告、弁護士、傍聴者が集まり、弁護士会館で裁判の報告集会を行いました。裁判そのものは提出書類の確認や次回期日の日程調整など5～10分程度で終了してしまい、傍聴していても何をしているのかさっぱりわからないのが一般的です。このため、報告集会では、弁護士からその日の裁判のポイントをわかりやすく説明していただき、参加者が質問や感想等を出し合い、裁判の到達点なども確認し合いました。

この報告集会の最後のあいさつは、いつも藤井朋樹さんにしていただくのが恒例となっていました。真希さんは理論派で裁判のすすめ方などのお話、朋樹さんは父としてさつきちゃんに対する思いがあふれるお話と、この裁判をみんなで支えていこう、がんばっていこうという気持ちになり、力を得ることができました。裁判報告は、後日、速報的に「つどいメール」で発信し、傍聴できなかった方々にも、裁判状況をお伝えするよう努めてきました。

支える会として、二つ目に大切にしてきたことは、親睦・交流です。長期間にわたる裁判だけに、原告、弁護士、支える会が一体となって裁判への思いを一つにできるように、食事会を企画するなど努めてきました。

その取り組みの一つとして、毎年11月末頃の支える会総会の際には、裁判に足を運べない方にも1年間の裁判の状況や取り組みを報告するとともに、スタッフが手作りの料理を持ち寄り、楽しい雰囲気で藤井夫妻を励ましました。ただでさえ藤井夫妻には原告としてのプレッシャーがあり、孤独になりがちなので、この裁判はみんなで支え闘っていることを感じてほしいとの思いからです。

（9）街頭宣伝・物販活動

ファミサポ事故のことや裁判の状況、原告である藤井夫妻の思いを八尾市民に知ってもらうために、さつきちゃんの誕生月の5月と事故の起こった11月の年2回、裁判提訴以降、近鉄八尾駅前で街頭宣伝を行ってきました。宣伝には毎回、10～20人程が参加し、さつきちゃんの笑顔の写真と事故の概

要が書かれた横断幕を掲げ、ビラ配布とハンドマイクで訴えました。藤井夫妻も毎回参加いただき、マイクを握って裁判支援を訴えてこられました。報道の影響もあってか、ビラの受け取りもよく、訴えを聞いて「あの事故の…」と話しかけ

てくださる方や、涙ながらにカンパしてくださる方もあり、市民の方々のあたたかな支援に励まされました。

　支える会では、財政活動と裁判のことを広めるためのグッズとして、真希さんがデザインした「つきちゃんハンカチ」を作り販売しました。合研集会など、様々なところでご協力いただき、ハンカチは全国に広まって1000枚程度販売でき、国への申し入れ、全国的な取り組みの際の交通費などに活用することができました。

(10) 裁判準備のための打合せ会議

　ファミサポ裁判は2014年1月23日の第1回期日から、2017年3月3日の第21回期日の和解協議に至るまでに3年以上の月日が経過しました。裁判に向けた打合せは、裁判期日の前には月1回以上、提訴前や証人調べなど重要な局面については複数回、大阪市内のあすなろ法律事務所で行われました。

　打ち合わせ会議は、基本的には弁護士と原告で行われますが、支える会スタッフもできるだけ誰かが参加するようにし、意見書等でご協力いただいた大阪電気通信大学の平沼先生など研究者の方々も参加されました。会議では、資料集めや主張についての忌憚のない意見を出し合いつつ、次回裁判に必要な準備が粛々と重ねられていきました。

　ときにはこの会議の中で、原告の怒りや憤り、葛藤が語られ、参加者一人ひとりの人生や生き方についても話がおよび、原告も弁護士も支援する人たちも、いろいろな思いをもちながらこの裁判に立ち向かっていることがわかりました。

（11）証人尋問

　裁判の山場となる証人尋問は、第17回期日の2016年7月26日に行われました。証人尋問には原告の藤井夫妻を支えながら、この裁判の成り行きを見守ってほしいと思い、たくさんの方に傍聴をしてもらうために支える会会員に出欠確認とメッセージ用の返信ハガキ、裁判のお知らせ、真希さんの意見陳述書を入れ、郵送しました。寄せられた数多くのメッセージには、いよいよ始まる証人尋問への期待や原告への励ましがつづられていました。傍聴を呼びかけたかいもあり、大勢の方から傍聴に来ていただけるとの連絡があり、証人尋問の法廷は、いつもの傍聴席が30名程の法廷とは違い、90名程が傍聴できる大法廷となりました。

　証人尋問当日の朝、あいにくの小雨でしたが支える会は裁判所前でファミサポ裁判のことを知らせるビラ配りを行いました。また、傍聴者には、藤井夫妻を励まし、同じ気持ちで裁判に臨む仲間のしるしとして、手作りの「つきちゃんバッチ」をつけて裁判を見守っていただきたいと配布しました。証人尋問が始まる午前10時頃には、90席の傍聴席の約6割が原告側、約2割が被告側と報道関係者で埋まり、昼休憩をはさんで午後5時10分まで緊張感のある法廷でのやり取りを見守りました。

　証人尋問後、弁護士会館での報告集会にも約40名の方々に参加いただき、弁護団からの解説や藤井夫妻の思いを聞く中で、傍聴者からは「原告側の弁護士が被告側の弁護士より勝っていた。」「原告側の証言がもっともで、被告側は自信のない証言だ。」などの感想が出されました。証人尋問のやりとりから、やっと裁判に光がさしてきたのを実感できた瞬間です。報告集会の後は、近くの店の2階を貸切っての慰労会。原告、弁護士、支える会が一体となり、それぞれの労をねぎらい合いました。

（12）実証実験

　証人尋問の中で、さつきちゃんが息をしていないことに提供会員が気づ

き、人工呼吸を行ったときのことを、提供会員自ら人形を使って再現してみせました。この尋問において供述された体勢で、さつきちゃんの鼻からミルク（母乳）が噴出した場合のバスタオル・スタイ等への付着を検証するために、平沼先生が中心となり「ミルク（母乳）噴出実験」が行われました。実験は2016年9月30日と10月8日に行い、事故当時にさつきちゃんが寝かされていたバスタオルに付着したミルクのシミと実験による再現では異なることが明らかになり、裁判の証拠として提出しました。

　また、同じく証人尋問の中で提供会員が「うつぶせ寝をしているさつきちゃんの左耳が右方向から見えた」「背中のふくらみが少ないような気がした」との供述があったことから、実際に見えるかを確かめるため、第3子の出産を間近に控えた真希さん自らが支える会スタッフと一緒に知り合いのお宅に出向き、乳児の観察動画を撮りました。これにより、うつぶせ寝で眠っている乳児を実際に観察すると背中自体が動かない事実も明らかになりました。

（13）和解に向けて

　証人尋問の最後に、裁判長から弁論終結の見通しとともに和解についての話があり、2016年11月の裁判のときから和解に向けた協議が始まりました。和解協議は、通常の裁判の後に、非公開で行われました。そのため、傍聴者は別室で待機し、協議後、報告を受けて成り行きを見守りました。和解協議と並行して裁判手続きも進んでいき、2017年2月3日の裁判で弁論は終結となり、判決の言い渡し期日が3月30日と決まりました。この裁判の後の協議において、3月3日の和解協議期日が入り、その日に和解が成立し、事故から6年以上、提訴から3年以上にわたる裁判が終結することとなりました。

　和解成立直後に行った報告集会には、支援者や在阪各社のマスコミが多数集まりました。弁護団から和解に至った経過報告があり、和解協議の中でさつきちゃんの遺影に向かって初めて提供会員に謝ってもらったと真希さんが報告されました。次の日の各社新聞には「預かり保育事故　和解」などと報道されました。

（14）国・八尾市への申し入れ ── 感謝のつどい

　藤井夫妻は、裁判が終結したことを受けて、事故や裁判で明らかになったファミサポ事業の課題の改善を求め関係する行政機関に申し入れを行い、支える会も同行しました。まずは、2017年3月14日にファミサポ事業を所管している厚生労働省と内閣府に（詳細は第2章3を参照ください）、続いて、同年5月22日に八尾市に申し入れを行いました。

　支える会は、裁判に関わる一連の取り組みを終えたことから裁判報告会と感謝のつどいを同年5月27日に八尾市のプリズムホールで行いました。それに先立ち、つどいの参加者にもご協力いただき、八尾市の市民の方々にファミサポ裁判が和解したことを報告するため、近鉄八尾駅で街頭宣伝を行いました。市民の中には声をかけてくれる方もあり、報告のために用意したビラもたくさんの方が受け取ってくださいました。

　報告会と感謝のつどいにも、たくさんの方にお集まりいただきました。はじめに藤井夫妻のあいさつがあり、裁判の経過説明を岩本弁護士から、支える会の報告や、裁判にも関わられた春本医師などからのお話がありました。その後、和やかに食事をしながら歓談しました。藤井夫妻を励まし支える気持ちを料理に託し、支える会のメンバーが手作り料理を持ち寄りました。参加者からは、この日を迎えた思いやファミサポ裁判の感想など温かい言葉が語られました。

（15）ファミサポ事故の影響

　ファミサポ事業での重篤な事故は八尾市が全国で初めてのことでした。事故当時の2010年、八尾市の待機児童は81名でその大半が0〜2歳児、保育所の利用を希望しながら利用できない児童は412名となり、一時預かり事業を行っていたのは私立保育所の25か所のみで公立保育所では実施していませんでした。事故との直接的な関係ということにはなりませんが、乳児を預けにくい環境であったことは間違いなく、こういう保育状況の中で事故は起

きたと感じています。そして、公立保育所などが地域の子育て支援の拠点としての役割を果たし、子育て支援施策全般での安全性や質的向上への役割をもっと発揮できていたら、事故を防ぐことができたのではと考えてしまいます。

　ファミサポ事故が不幸にも起こったことから、八尾市におけるファミサポ事業を安心して安全に利用できる制度を求める運動を行うなかで、保育施設での一時預かり事業の拡大（2016年時点で35か所）や、認可保育施設における午睡時のうつぶせ寝チェックの確立が行われてきました。また、八尾市は待機児童解消のための保育施設整備の計画では、認可保育所よりも基準の低い小規模保育事業の整備ではなく認可保育施設を基本としており、いまだに待機児童の解消にはいたっていないものの施設整備が一定すすんできました。

　ファミサポ事故を通じ、八尾市のなかで子どもの安全を守る機運が多少なりとも高まったのは事実であり、それが風化しないようにしていきたいと思います。

　裁判報告会と感謝のつどいで、朋樹さんが「少しずつですが、わが家に日常が戻ってきました」と語られました。この言葉を聞いて本当にうれしかったのと同時に、藤井夫妻はさつきちゃんが事故に遭わなかったら、今と違う人生になっていたのではとの思いを巡らせました。しなくてもいい経験をいっぱいし、しなくてもいいつらい思いをいっぱいし、いっぱいの時間を費やして、それでも前を見すえて、娘のために事故原因を追究し、道を切り開いてこられました。事故の原因究明や裁判をすすめるということは、自らにとって最もつらい事故やわが子の死のことを何度も何度も思い出し、向かい合わなければならず、言葉では言い表せないご苦労があったものと思います。支える会は、寄り添い支えることしかできませんでしたが、幾分かでも藤井夫妻のお役に立てたのであれば幸いに思います。

　また、真希さんは「つきちゃんのことをみなさん忘れないでください」と語られていました。私たちは、さつきちゃんが国や自治体の子育て支援行政の犠牲者であることを肝に命じて、子どもの命と安全が確実に守られる社会を目指して、引き続き行動していきたいと思います。

コラム

子どもの命を守り育てる保育・子育て支援を
元保育士として

ファミサポ裁判を支える会・元保育士　丸山豊美

　私がさつきちゃんの事故のことを知ったのは、八尾市職員労働組合の知人からの話からで、「えっ、八尾でそんな事が?!」とびっくりしました。

　私は40年間、八尾市の公立保育所で働いてきました。小さな子どもの命を守り育てていく仕事は、本当に責任の重いものです。子どもたちのケガや病気は数えきれないくらい経験してきました。そのたびに保護者への状況説明とおわび、完治するまでは心を痛めながら子どもを見守るしかありませんでした。あの時こうしておれば、痛い思いをさせずにすんだのではと後悔することもありました。保育士の一瞬の隙が子どもの命にまでかかわるという自覚と努力は言うまでもありませんが、二度とくり返さないためにも保育士を増やしてほしい、危険な場所を改善してほしい等、八尾市の保育当局に要求し交渉を続けながら、保育施設の改善、保育内容の質の向上のための研修もくり返し行ってきました。

　また、保護者と一緒に、国や府、市の制度の問題点を学習したり、懇談会や子育て学習会、夕涼み会も保護者と共催で取り組むなど、保護者との信頼関係を築くいろいろな取り組みを行い、保護者同士の交流の場もひろげてきました。

　40年間の勤務の中で、重篤な事故に遭遇することもなく退職することができた時は、本当にホッとしました。退職後、「こんにちは赤ちゃん事業」（厚労省）という赤ちゃんの様子を見せてもらい、出産後のママの悩みや相談にのる赤ちゃん訪問事業に少しだけかかわりました。赤ちゃんが大好きな私にとっては、とても幸せなひと時でした。子育て支援は、大人と赤ちゃん、お話ができない乳児でも、人間同士の信頼関係の中で成り立つものです。しかし、ファミサポ裁判の傍聴のなかで耳にする内容は、全く信じられないものでした。たった1時間の預かりの中で、泣いているさつきちゃんを抱きあげるのではなく、うつぶせに寝かせるという行為が一保育士としても、一母親としても本当に信じられませんでした。ファミサポ事業は援

助会員と子どもとの信頼関係の上に成りたっている事業といえるのでしょうか。

　事故直後からなぜそうなったのか真実を知りたいと思う、当たり前の要求に応えてもらえない両親の心の内は、はかりしれません。真摯に向き合ってもらっていたら、もう少し状況は変わっていたかもしれません。途中から話し合いさえも拒否する援助会員に何か異様ささえ感じました。管理監督の立場にある八尾市、八尾市社会福祉協議会が真実隠しに走ったことも許せません。真実を明らかにし、三者三様の反省があって然るべきです。事故後、さつきちゃんの命を無駄にしたくないとの思いで、本来は行政がやって当たり前のことを、裁判という選択を決意した藤井さん夫妻に頭が下がります。私のできることで応援しようと思い、毎回傍聴に行くことにしました。

　証人尋問の時のさつきちゃんのご両親の話は、涙なしには聞けないぐらい胸にせまるものでした。事故当時の時間を追っての詳しい経過、援助会員とのやりとり、救急隊員や病院での医師との会話、病院や自宅での医療関係者やご家族の連携した看護の様子などが伝わってきました。尊い命がつきるまで、さつきちゃんが頑張ってくれたとお父さんが話された時は、傍聴席のあちこちからすすり泣く声が聞こえました。

　最後は援助会員の尋問です。苦しくても何も言えなかったさつきちゃん。いくら聞こうとしても答えてもらえなかったご両親。裁判という最後の手段で、私たちもどんな状況で事故が起きたのか知りたかった。でも、「わかりません」「覚えていません」のくり返しだけ。本当にひどい。尊い命、大切な命がこんなことでいいはずがない。怒りがつのるばかりでした。

　今、子育ての環境が悪くなる一方です。子育て支援という制度があっても質が伴っていなくて同じような事故が繰り返されるたびに「なぜなの？」とくやしく思うばかりです。

　私の孫は、さつきちゃんと同学年なので、孫の成長とともに叶わなかったさつきちゃんの成長した姿を思うことになるでしょう。私はさつきちゃんに直接会うことはできませんでしたが、事故の直前に撮影したというニコニコまんまる笑顔のさつきちゃんを決して忘れることができません。夜空の満月は笑っているさつきちゃん。三日月は、ささやいているさつきちゃん。

　私たちが、少しでも広くさつきちゃんの命のさけびを伝え広げていきたいと思います。

4 八尾ファミサポ事故と報道

MBS報道局　大西亜雅紗

（1）はじめに

　私が藤井夫妻に出会ったのは、2011年の夏。最初に話をしたのは、ファミリーレストランでした。夫妻は、さつきちゃんの看病をご両親に任せて、わざわざ病院を抜けてきてくれました。そして、いたって冷静に、さつきちゃんに起こったこと、起こったかもしれないことを話してくれました。

　最後に真希さんは、私にこう質問しました。「私たちの話を、どう思われましたか」。

　生後5か月の愛娘が脳死状態になり、なぜこんなことになったのかを誰も説明してくれない状況の中で、藤井夫妻は、「絶対に許せない」などと怒りをぶちまけることはありませんでした。それどころか、自分たちがおかしいと思っていることは、果たして正しいのだろうかと考えていたのです。

　私たち記者の仕事は、ただ誰かの恨みを晴らしたり、攻撃したりすることではありませんが、そのことを取材相手に理解してもらうのが難しい場合も少なくありません。ところが私が説明するまでもなく、藤井夫妻はすでにそのことを理解されていました。そして、「放送してもらえるなら、名前も顔も出します。ファミサポが今のように、『事故が起こったら当事者同士で解決してくださいね。行政側は知りませんよ』という制度のままでは、私たちのようになってしまうと、みなさんに知っていただきたいんです」と、静かに語ってくれました。

　この時期、真希さんはよく「気持ちにフタをして」という言葉を使っていました。たった1時間の預かりの間、なぜ泣いている赤ちゃんを抱っこしてあやしてくれなかったのか。ましてや、なぜうつぶせにしたのか。そして何

66　第1章　八尾ファミサポ事故の記録

より、なぜ預けてしまったのか。心の中では何度も何度も、このやりきれない気持ちを叫んでいたに違いありません。ただ、記者は残酷です。取材対象の人の「本当の気持ち」を引き出すのが仕事です。いつか、そのフタを少し開けてもらわなければならない日が来ることを正直に言えないまま、私は八尾ファミサポ事故をめぐる本格的な取材を始めることになりました。

（2）第1回の放送、そして……

　初めてのカメラ取材は、入院中のさつきちゃんの撮影でした。カメラと言っても、家庭用ビデオカメラで、撮影するのも私。真希さんには、いつもしているようにさつきちゃんに話しかけてもらいました。

　さつきちゃんには、様々な機械や管がつながっていました。ヒヤリとするようなアラーム音が鳴るたびに、真希さんは「つきちゃん、大丈夫よ。突っ張らなくていいよ」と声をかけ、背中の下に手を入れて、優しくなでていました。

　さらには、ご自宅での撮影、市議会の本会議、市長への直接取材、市役所の担当部署や、厚生労働省へのインタビュー。こうした取材を進めながら、夕方のニュース番組「VOICE」の特集コーナーを担当するデスクに、放送の概要を詳しく説明しました。すると、そもそも「ファミサポ」というものを知らない人に、まず制度の中身と必要性をわかってもらわなければいけないのでは、との指摘を受けました。

　たしかに、ファミサポとは何か、利用者はどのくらいいて、どんな理由で利用しているのかがわからなければ、事故の全体像を伝えることはできません。ただ、"ファミサポで起きた重大な事故を説明するための取材"に協力してくれる自治体やご家庭はあるのか。ダメ元だと割り切って、府内の自治体の窓口に片っ端から電話しました。すると、取材を受けてもらう以前に、事故のことを知っている人がだれ一人いなかったことがわかりました。「八尾のファミサポで起きた事故の件で……」と言う私に、反応は決まって、「何

か事故があったんですか？」というもの。八尾ではこんな事故がありましたが、当事者同士で解決せよ、ということになっているそうです、そちらでもぜひ対策を。たとえ取材を断られても、この電話には意味があると意を強くして、ひたすら電話を続けました。すると、豊中市の社会福祉協議会のご担当者が、「決して他人事ではないので、八尾の件、ぜひ放送してあげてください。取材に協力してくれるご家庭を探します」と言ってくれました。

取材OKのご家庭はほどなくして見つかり、第1回の放送を迎えました。

● 2011年10月20日放送　毎日放送「VOICE」

放送では、主に以下のようなポイントを伝えました。

- 豊中市内で、ファミサポを利用されているご家庭への取材を通して、ファミサポの制度と仕組みを説明
- 藤井さん夫妻へのインタビューを元にした、さつきちゃんの事故の概要
- さつきちゃんの容態と闘病
- 八尾市議会での担当部署の答弁「（会員向けの書類の中で）双方で解決してくださいよと入れてある」→しかし、事故当時の会員規則には、当事者間で解決せよという記載はなし
- 「双方で解決してください」という根拠は何なのか。八尾市の担当部署にインタビュー「強制的にこの方に預けないとダメではなく、この人に預けることを希望するという方は、子どもさんをお預かりいただく。（Q自己責任ということか？）基本的にはそういう関係になる」
- 厚労省にインタビュー「仮に事故が発生した場合に、情報を収集して、再

「VOICE」より

68　第1章　八尾ファミサポ事故の記録

発防止策を検討することは必要だと思っているし、厚労省からもお願いしている」
・保育問題に詳しい弁護士にインタビュー「八尾市には、事故が二度と起こらないようにする方法を検討し、ファミサポのシステムの中に組み入れる責任がある」

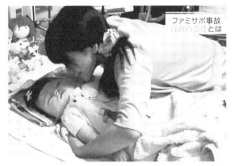

「VOICE」より

　放送に向けたインタビューの最後の最後で、私は藤井夫妻に、"気持ちのフタ"を開けてもらう質問をしました。
　「いま、どんな思いで毎日過ごしていらっしゃいますか」
　真希さんは、「ずっと病院にいて、さつきの顔を見ているときに一番、悔しさがこみ上げてきます。なんでかなぁ……って思うのは、病院の中ですかね。でも、そういう悲観的なことばかりさつきも聞きたくないだろうから、すぐにやめますけど」と、大粒の涙を流しながら話してくれました。
　そして、朋樹さんは「自分の顔じゃなくて、お母さんの(真希さん)の顔じゃなくて、元気なさつきが最後に見たのは、援助会員の顔なんでね」
　「子どもの人生が全て奪われてしまう。そんなことが簡単に起きることがあってはならんと思う」と語ってくれました。

　わが子を思いきり抱きしめることすら叶わない両親の思いを聞いて、二度と同じようなことが起きないようにと願わない人がいるでしょうか。
　このインタビューが流れた時、私たち番組スタッフが放送中に詰めている副調整室と呼ばれる部屋が、水を打ったように静まり返ったのを、私はいまも鮮明に記憶しています。
　放送後、八尾市役所のウェブサイトには、「『ファミリー・サポート・セン

4 八尾ファミサポ事故と報道　69

ター事業』に関する一部マスコミ報道について」というタイトルの文章が掲載されました。

> 　本市が八尾市社会福祉協議会に委託しているファミリー・サポート・センター事業において、昨年、会員同士の相互援助活動中に乳児の体調が急変した事象について報道がありました。
> 　このたびの報道では、預かり中の事故として取り扱われ、本市の対応についても問題視するような内容になっておりました。
> 　この間、本市と社会福祉協議会では、関係者に当日の状況についての事実確認や、今後の手続きとして補償保険について説明するとともに、緊急対応時の安全マニュアル作成に取り組むなど適切に対応させていただいております。
> 　本事業をご利用の方々をはじめ、市民の皆様方には、ご心配をおかけしておりますが、今後も、八尾市社会福祉協議会と一層連携を図りながら、安心してファミリー・サポート・センター事業をご利用いただけるよう取り組んでまいります。

　この件は「事故」ではなく「事象」である。事実確認をして、補償保険については説明した。緊急対応時のマニュアルはこれから作る。

　遺族への哀悼の気持ちや、放送で指摘した「事故があった時に、当事者間で解決せよ、というのは、あまりにも無責任ではないか」「事故の原因究明をして、再発防止につなげるべきではないか」という点については、特に触れられていませんでした。

　一方で、印象的だったのは、取材を申し込む際、八尾市役所の報道担当の部署と市議会事務局の担当者が、非常にていねいに対応してくれたことです。取材の意図を理解し、迅速に動いていただけたことには、行政のプロとして、そして一市民、もしかしたら親としての心意気を強く感じました。

　次に、「ファミリーサポートセンター会員有志一同」と書かれたお手紙も

届きました。最初は「VOICE」の放送後に。2通目は全国ネットのニュース番組「NEWS23」のあとでした。内容は、抗議文です。

　抜粋すると、「毎日放送が、援助会員や市役所、社協にちゃんと取材したのか疑わしい限りである」「私たちも、二度とこのようなことが起きないよう、細心の注意を払って子育ての支援を行っていきたいと思っているが、あのような一方的な報道は、名誉毀損にあたる許しがたい放送ではないでしょうか」とのことでした。私たちは当初から、援助会員、社協、市役所の担当者のすべてにお話を聞きたいと連絡をしていましたが、回答はすべて市役所が行いますと言われたため、やむを得ずそれに従っていました。こちらとしてはむしろ、さつきちゃんに何が起こったのかを、ほかの会員の人たちに知らせたのかどうか、今回の件を受けて預かりに不安を感じた会員に対して、社協からどのような説明があったのかなどについて話を聞きたかったので、2通目の手紙を受け取った後、社協に電話しました。有志一同の方に連絡を取りたい、とお願いしましたが、お返事はありませんでした。

　放送を見た視聴者からも、反響がありました。さつきちゃんのご両親のために、なにかできることがあれば、という意見がある一方で、わずかとはいえ、うつぶせにするような人に預けた親が悪い、という声もありました。これについては、八尾市の子育て支援の担当者も、この方に預けないとダメとは言っていない、と似たような趣旨のことをインタビューで言っていました。

　それならば、国や自治体がファミサポの利用促進の呼びかけをしてはいけないのではないか。援助会員が登録の前に受ける研修に、何の意味があるのか。生後5か月の赤ちゃんが脳死状態に陥る事態は、自己責任なのか。自分自身が納得のいくまで取材を続けようと決意しました。

（3）事前研修を取材

　初めに取りかかったのは、援助会員が受ける「事前研修」とは、いったいどのようなものなのかを調べることでした。大阪府内のとある自治体から委

託を受けているファミサポ運営団体に依頼し、カメラは無しで、ペン取材をさせてもらいました。その団体では、研修は2日間行われ、両日ともに参加していることが援助会員に登録される条件になっていました。

　研修では、トイレットペーパーの芯の太さよりも小さいものは、子どもにとっては危険な場合があることや、背中をたたいて喉につまったものを吐き出させる方法などを、赤ちゃんの人形を使って見せたり、参加者に体験してもらったりしていました。出産前に母親が受けるいわゆる「母親学級」に似ていましたが、それよりも簡素で、しかもファミサポで預かる幅広い年齢の子どもにかかわる話だったため、乳幼児に特化した内容だったわけでもありませんでした。

　そして残念なことに、研修でさつきちゃんの事故について触れられることはありませんでした。ペン取材を許可してくれた運営団体の方は、放送を通して事故のことを知っていたため、触れようと思えば触れられたのかもしれませんが、その方によると、八尾市や社協からの報告や注意喚起などはなかった、とのことでした。

　大阪府内以外の、ファミサポ運営団体にも事前研修の内容などについて問い合わせてみましたが、ペン取材をした自治体と大差はありませんでした。そして、事前研修が長すぎると、援助会員の引き受け手がいなくなり、ファミサポの制度が立ち行かなくなる、という意見も聞かれました。

　よそのお子さんを預かるのは、そんなに簡単なことなのだろうか。謝礼も安いし、プロじゃないんだから仕方ない、で片付けていいのだろうか。そして何よりも、さつきちゃんの事故のことを知らずに、預けたり預かったりする人がどんどん増えていくのは、健全な運営なのだろうか。八尾市が、事故調査と再発防止策をまとめる意義は、どう考えても小さくありませんでした。

（4）残された道は、"本当に"裁判しかなかった

　第1回の放送の際、最後の最後まで真希さんと原稿の言い回しを相談した

部分がありました。「真実を知るために、両親に残された道は、法的に責任を追及するしかありません」という文言です。藤井夫妻は、放送の時点では、八尾の保育運動の人たちや市議会議員の力を借りて、なんとか「相手を訴える」という攻撃的な道を選ばずに済む方法を探っていました。詳しくは別項に譲りますが、申し入れ、署名、請願など、普通に暮らしている人には無縁の、しかし、市民が行政に対して訴えたい事柄がある時に権利としてもっているあらゆる方法を使って、事故が起きたその時のわが子の様子を知ろうと努めてきました。ところが、市側は「当事者間で解決してください」「調査しようにも、診断書を出してくれないと無理です」などとして、第三者による事故調査を拒否。とうとう「裁判をしていただくしかない」と言い出したのです。残された道は、"本当に"裁判しかなくなってしまいました。

「裁判を起こす」といっても、話はそう簡単ではありません。
　24時間さつきちゃんを看護し、幼い弟を育てながら、これまで3年間の出来事を、弁護士のお二人に説明するのは、途方もない作業に思われました。しかし、そこは冷静な藤井夫妻と、まるで身内のように支え続けた八尾の保育運動のメンバー、そして依頼人の気持ちを汲み取りながらも、驚くべき記憶力と処理能力でぐんぐん推し進める代理人、という絶妙のバランスで、提訴へと進んでいったのです。
　一方で私は、次の放送に向け、同種の事故や、過去の判例などを検索することにしました。保育事故だけでなく、学校の校外学習やキャンプ、高齢者の介護現場の事故などで、現場責任者の法的責任や、指導・監督する立場の行政の責任が問題になったケースなどです。調べてみると、私が思うよりも、世の中では子どもがケガをしたり亡くなったりする事故が起きていました。そして、現場にいた人の法的責任を認めたケースはいくつか見られたものの、行政の責任まで認めたものはほとんど見当たりませんでした。
　調べた中で、行政が責任を認めたケースは、次のような事故でした。
　2010年、静岡県富士市で、市が委託する保育ママが、預かっていた当時

1歳11か月の女の子を車の後部座席に乗せて、ショッピングセンターの駐車場に停車。女の子の首が出ているのに気づかずに、パワーウインドウを閉め、重い障害が残るケガを負わせました。保育ママ本人には、禁錮2年（執行猶予5年）の判決が言い渡されました。一方家族が、保育ママと富士市を相手取って起こした民事裁判では、市が履行者としての責任を認め、保育ママ側に加え、市も3600万円あまりの賠償金を支払うことなどで、2013年に和解しました。

　この和解を知り、富士市の担当部署に電話をしました。和解に至った詳しいいきさつまでは聞けなかったものの、市が行っている事業なので、責任があるのは当然ということで、和解させていただいた、という話を聞くことができました。刑事事件で有罪が確定している事案だということは、もちろん和解にも影響したと思いますが、それでも市が「保育ママ」＝「市が履行している事業」と認め、さらに責任を取った、というケースも存在することがわかりました。

　一方で、大阪では、なかなか行政側の責任は認められない状態が続いていました。大阪市都島区の認可外保育施設・ラッコランドでの死亡事故の大阪地裁判決です。裁判長が入廷し、一礼して座るや否や、遺族の敗訴が告げられました。わが子を失い、やむにやまれず起こした裁判でも、結局、その場に第三者の大人がいない保育の現場では、謝罪を引き出すことはおろか、真実を知ることもできない。それが、この国の現実でした。（その後2015年11月、当時職員だった女性の勇気ある証言により、大阪高裁では逆転勝訴。しかし、大阪市の責任は認めず。）

（5）和解への道のり

　多くの民事裁判では、提訴後、判決や和解に至るまでの間、報道の出番はあまりありません。尋問の期日に法廷に入ってメモを取り、判決の時に備えます。藤井さんの裁判でも、途中、刑事告訴や保育問題の集会についての

ニュースは出したものの、裁判についての放送は一度もしませんでした。

　迎えた、2017年3月3日。およそ4000万円での和解は、これまでの経過を一切知らない記者にとっても、間違いなく"勝訴的和解"でした。尋問期日に取材をしていなかった記者は、正直、焦ったのではないかと思います。

　子どもの事故をめぐる裁判の多くが、お金を目的にした裁判ではないことは、記者であればだれでも理解しています。それもあって、提訴時や判決・和解時の記者会見で、金額に関する質問をするのは、正直に申し上げて嫌なのです。ただ、さつきちゃんの事故に関する当日夕方のニュース番組や、翌朝の新聞各紙を見ると、金額が一つの指標になって、過失の大きさや裁判の意味を多くの人に知らしめるのだということも、今回改めて感じました。

(6) 止まない保育事故と報道の役割

　2011年に藤井夫妻の取材を始めて以降も、大阪ではいくつもの保育事故が問題となってきました。しかし、前述したように、事故があった施設を指導監督すべき立場の、自治体や国の責任を認めた判決や和解は、一つもありません。それどころか、裁判で、子どもを保育施設に通わせる親にとって"恐怖"としか言いようのない主張が繰り返されました。

　例えば、前出の大阪市都島区のラッコランドの裁判では、被告の大阪市が次のように主張しています。

　大阪市が、認可外保育施設に対して事業停止や閉鎖を命じると、「認可外施設に対する市民の需要を阻害し、かえって児童の福祉に支障を生じさせる可能性があることから」「権限の行使については相応の慎重さが求められている」。さらに、「大阪市内の認可外保育施設の中には保育従事者数自体が不足している施設が少なからず存在し、本件施設と同様に保育従事者中の有資格者数が不足している施設も相当数存在していたところ」「乳幼児の死亡事故は発生しておらず」「有資格者不足はもとより、保育従事者数の不足自体が直ちに原告ら主張に係る窒息死等の事故を招来するということはできない」（判決文に記載された、被告・大阪市の主張より抜粋）。

つまり、基準を満たしていない施設を閉鎖したら、そこに預けている保護者や子どもたちが困るかもしれないから、簡単に閉鎖はできません。そもそも保育士が足りない保育施設はかなりの数あるけれども、死亡事故は起きていません、ということです。

　一方で、前進した部分もありました。
　2016年4月に起きた、大阪市淀川区の認可外保育施設での死亡事故を受けて大阪市が設置した第三者による事故検証部会の報告書（http://www.city.osaka.lg.jp/kodomo/cmsfiles/contents/0000364/364024/houkokusyo.pdf）では、0、1歳のうつぶせ寝の禁止を再周知することや、認可外施設に対する指導監査を強化することなどを、強い言葉で市に求めました。

　たとえ認可保育所であっても、これまで、行政が主体となって事故を検証し再発防止策をまとめる作業は、ほとんど行われてこなかったのが現実です。しかし、長年にわたる遺族や支援者の努力の結果ようやく、認可・認可外・ファミサポなどについても、死亡などの重大事故が起こった場合は、第三者による検証が求められることになりました。
　せっかくまとめられた報告書が、自治体や国の具体的な施策に反映されているのか、反映されていないならば理由は何なのか、今後も私たちが取材を通してチェックを続けていくことが必要だと感じています。また、報告書がまとまったとしても、やりきれない思いを持ち続ける遺族に対して取材者として何ができるのか、考え続けなければならないと思います。

（8）おわりに

　いくつもの悲しみを経験したにもかかわらず、減らない保育事故。残されたままの課題を前に、報道が無力だとは、決して思いたくありません。

　そこで、ニュースを伝える仲間に、お願いがあります。日々、目の前の

ニュースに追われ、深く考える時間を与えられないまま、別の取材に取り掛かっていると思います。そして、いざ保育事故が起こり、他社より早く取材先にたどり着いた記者なら、どこよりも早く、そして独占的に世に出したいと思うのは、記者として当然です。ただその後に、ぜひ考えてほしいのです。悲しみに暮れる人たちを引っ張り出す目的は何なのか。自分の仕事が、より多くの人の役に立つには、どうすればいいのか。なかなか言えることではありませんが、例えば「ほかのメディアにも取材してもらうには、こんな方法がありますよ」などのアドバイスも、時にはしてあげてほしいのです。

　2013年10月。さつきちゃんは、七五三で着るはずだった赤い着物を着て、送られました。裁判が終わった2017年には7歳。着物か、ドレスか。どんなお姫様になっていただろうと思うと、胸が締めつけられます。
　告別式で朋樹さんは、「晴れた空の日は、さつきのことを思い出していただければ」と話されました。空を見上げて幾度となく「さつきちゃん！」と心の中で呼びかけてみるものの、次の言葉は決まって「まだ、あかんわ……」です。いつか、「もう、大丈夫！」と言える日まで、微力ながら自分の役割を果たしていこうと思います。

コラム

ファミサポ裁判を傍聴して

NPO法人沖縄県学童・保育支援センター　二宮千賀子

　藤井さんご夫妻に初めてお会いしたのは、日比谷公園で開かれた保育集会でした。さつきちゃんの事故に関する署名への協力を懸命に呼びかけていたお二人の姿を、今でも鮮明に覚えています。

　それから数年後、私が関西に引っ越すことになったのを機に、子ども同士の歳が近いこともあって真希さんと子連れでよく遊ぶようになりました。そして、都合のつく範囲ではありますが、裁判を傍聴するようになったのです。

　真希さんから「裁判は、次回にむけての日程調整の話とかだからつまらないよ」と聞いてはいたのですが、確かに日程について話すだけの裁判が多く、つまらないものでした（ごめんなさい）。

　しかし、毎回裁判の後に開かれていた報告会で、藤井さんご夫妻や担当弁護士さんから今回提出した書面の内容や今後予想される展開等についての説明があったおかげでずいぶんと理解がすすみました。同時に、藤井さんご夫妻が仕事や子育ての忙しい合間をぬって専門的な資料も読み込んでいることや、裁判に少しでもつながる情報があればとの思いから学会等へも足を運んでいたことなどがわかり、裁判にかける藤井さんご夫妻の熱意を強く感じることができました。一方で、子を失った親がここまで努力しなければならない状況をつくってしまった行政や当事者の対応に憤りを感じました。

　ところで、先ほど「つまらない」と書いた裁判ですが、証人喚問の日は違いました。ドラマのように証言や書面をめぐっての激しいやり取りが展開されましたが、行政やファミサポ提供会員さんの証言は、真実を知りたいと裁判を起こした藤井さんたちの願いがかなったとは思えない内容で、なんとも言えない気持ちを抱えながら帰宅の途につきました。

　ファミサポ裁判の傍聴を通して、主に二つのことを強く感じました。

　一つは、ファミサポが子育てを地域で

支えることに主眼を置いた公的制度かのように宣伝されながらも、事故が起きたときは個人間の責任問題とされてしまう「おかしさ」です。

真希さんはファミサポを利用しようと思った理由として、「市のパンフレットなどに案内があったから公的事業だと思った」ことや、「地域とのつながりをつくりたかった」からだと語っていました。この言葉に、身が震える思いがしました。私も真希さんと同じように考えてファミサポに登録した一人だったからです。真希さんと同じような理由で安心してファミサポを利用している人は多いのではないでしょうか。行政責任をもっと考えていく必要があると強く感じました。

もう一つは、保育を専門的に学んだことのない人が子どもを預かることの怖さです。ファミサポに限らず、いま、保育士不足もあって保育所にも資格をもたない人を現場で登用する動きが広がりつつあります。一人で子どもをみるファミサポと複数の職員がいる保育は違うと考える人もいるかもしれませんが、どんな制度であろうと子どもの命を預かっていることに変わりはありません。

ファミサポ裁判は、その点を社会に訴えかけた裁判でもあったと思います。「だれでも保育はできる」ではなく、「保育は命を預かる責任ある仕事」という視点から、今一度、資格をもたない人への研修内容を見直すとともに、研修後のフォローも含めた制度の再構築を早急にすすめる必要があるのではないでしょうか。

最後になりますが、今回、藤井さんご夫妻が裁判を起こしたことで、私自身だけでなく、私の周りの子をもつ保護者もファミサポのあり方や保育事故について、いえ、それ以上に保育のあり方により強く関心をもつようになりました。さつきちゃんの命をつなぐ活動、事故をなくしたいという藤井さんのご夫婦の思いは、確実に、そして着実に多くの人に伝わり影響を与えていると思います。

真希さんが時折Twitterでつぶやくさつきちゃんへの思いや事故への思いを見るたびに何か声をかけたくなるのですが、思いつく内容がどれも薄っぺらく結局「いいね」を押してばかりです。そんな情けない私ですが、保育事故がなくなるよう共に考えていきたいと思います。

第2章
ファミリー・サポート・センター事業の課題と展望

1 ファミリー・サポート・センター事業の現状と今後

鳥取大学地域学部　東根ちよ

(1) はじめに

　日本では近年これまでにないほど、子育て支援に対する関心が多方面から高まるようになりました。1990年代以降急速に進展するこのような動きの背景には、それまでは少なくとも明確にされていなかった少子化に対する政府をはじめ社会全体の危機意識があります。特に、2015年度から本格的に開始した「子ども・子育て支援新制度」では、内閣府、文部科学省、厚生労働省の関連省庁が共通課題として支援制度に取り組むことを決めました。子育て支援に関する近年の政策は、これまで以上に幅広い社会経済構造、政治構造との関連のなかで動いているといえます。

　一方、ファミリー・サポート・センター事業（子育て援助活動支援事業）は、現在のように子育て支援が注視される以前から各地域のなかで運営されてきました。ファミサポ事業は、かつて隣近所で行われていた子どもの預かりや送り迎えなどの助けあいを現代的に制度化したものです。「ファミサポ」の愛称で親しまれ、今では地域の子育て支援制度として根づき多くの子育て家庭に利用されています。ファミサポ事業を行う市区町村と利用の登録を行

う家庭が年々増えていることからは、この制度に対するニーズの高さが見て取れます。一方で、多くの人から共感を得るこの制度には、当然のことながら課題もあります。ファミサポ事業は、これまで活動が広がるなか、制度が抱えている課題については詳しく検討されてきませんでした。数多くある子育て支援制度のなかでも、一見すると補助的な役割を担っているように見えるため見過ごされてきた側面がないとはいえません。そのため、今後は課題にも目を向けながら安心・安全に利用できる仕組みに高めていくことが求められています。ここではファミサポ事業について基礎的なことを確認しながら、今後の方向性について考えたいと思います。

(2) ファミリー・サポート・センター事業の仕組みと内容

　ファミサポ事業は子育て支援制度のなかでも特異な形態で運営されています。そこで、まずはファミサポ事業の仕組みについて確認した後、運営状況や活動実態について見ていきます。

①ファミサポ事業の全体像

　ファミサポ事業のスキームを表したものが図1です。さまざまな行政機関や人が関わりながら運営されています。市区町村の事業として行われていますが、国（厚生労働省）が全体を管轄をしながら、各都道府県は設置を促進する役割を担っています。また、厚生労働省の外郭団体である一般財団法人女性労働協会が、全国にあるセンター同士の交流会や研修などの運営支援のほか定期的な活動実態調査を行っています。

　ファミサポ事業は市区町村が直接運営する場合もあれば、地域の福祉活動に取り組む社会福祉協議会やNPO法人などに委託をして運営される場合もあります。センターは会員同士の仲介（マッチング）をはじめ、提供会員のための研修や会員同士の交流会などの運営を担っています。また、実際の運営業務には各々のセンターに配置されているアドバイザーと呼ばれる人がたずさわっています。アドバイザーはセンターの運営全体を把握しながらコー

ディネートを行うキーパーソンであり、重要な役割を担っています。

　実際の活動は、地域で子育ての援助を受けたい住民（依頼会員）と援助を行いたい住民（提供会員）があらかじめ会員登録をしておき、援助の必要性が生じた際に、子どもの預かりや送迎などのサポートを「有償ボランティア」で行います。必要な際には援助を受けたいけれども時間がある際には援助を行うことができるという場合には、依頼会員と提供会員を兼ねる「両方会員」になることも可能です。「有償ボランティア」という活動形態と両方会員の存在は、他の子育て支援制度にはみられないファミサポ事業の特徴でもあります。有償の程度はセンターによって異なりますが、おおむね1時間あたり700円前後です。援助に対して一定の謝礼が支払われることで気兼ねない利用や活動につながることが期待されています。

②ファミサポ事業の運営状況

　このようなファミサポ事業は、2017年3月末時点において、全国1,741市

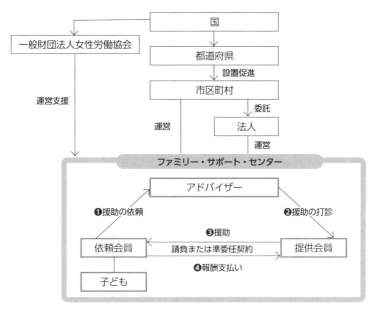

図1　ファミリー・サポート・センター事業の仕組み　　　　　　　　（出所）筆者作成

表1 委託または補助先（2016年度）

社会福祉協議会	NPO法人	公益/一般法人	民間企業	その他	無回答	合計
193 (48.7%)	127 (32.1%)	41 (10.4%)	6 (1.5%)	26 (6.6%)	3 (0.8%)	396 (100.0%)

(出所) 一般財団法人女性労働協会 (2017：3) をもとに筆者作成

区町村のうち833市区町村で実施されています（厚生労働省、2018）。半数近くの市区町村で実施されているファミサポ事業は今では、子育て支援の柱を担う制度といっても過言ではありません。会員数で見れば、全国には依頼会員として約55万人、提供会員として約13万人が登録を行っています。また、一般財団法人女性労働協会（2017）によると、市区町村が直営で運営している割合は41.7%であり、委託は56.4%、補助が1.9%となっています。委託や補助先の団体としては、社会福祉協議会が48.7%と最も多く、NPO法人32.1%のほか、民間企業も1.5%となっています（表1）。運営方式では、委託の割合が年々増える傾向にあります。

③ファミサポ事業の活動状況

つづいて、実際の援助活動の内容について確認します。ファミサポ事業を運営する際の指針となっている実施要綱（「子育て援助活動支事業（ファミリー・サポート・センター事業）実施要綱」）では、事業の目的は「地域における育児の相互援助活動を推進するとともに、病児・病後児の預かり、早朝・夜間等の緊急時の預かりや、ひとり親家庭等の支援など多様なニーズへの対応を図ること」とされています。なお、子どもの預かりはセンターで行われるのではなく、基本的に提供会員の自宅で実施されます。近年では病児・病後児の預かり、早朝・夜間等の緊急の預かりなど、高度な援助への対応が求められる傾向にありますが、実際には、保育施設の送迎（18.7%）、保育施設の開始前後の預かり（18.2%）や放課後児童クラブの開始前後の預かり・送迎（17.4%）など、ほかの保育施設や教育施設で対応し切れない子どもの預かりや送迎に関する利用が多くなっています（表2）。このうち、近年の活動状況の傾向として、保育施設、学習塾や習い事などへの送迎の割合が増

加していることがあげられます。このように、活動内容をみるとファミサポ事業は他の子育て支援制度からはもれ落ちてしまう子育て家庭のニーズに対応していることがわかります。

④ファミサポ事業が担っている機能

このように、ファミサポ事業は他の子育て支援制度とは異なる特異な形態で運営されながら各地域で広がっています。一方、活動内容からは浮かび上がらせることができませんが、ファミサポ事業を対象とした調査研究からはファミサポ事業が大別して次の二つの役割を担っていると考えることができます。

表2 活動内容

活動内容	
保育施設の送迎	18.7%
保育施設前後の預かり	18.2%
放課後児童クラブ前後の預かり・送迎	17.4%
学校の放課後の学習塾や習い事等の送迎	15.7%
学校の放課後の預かり	5.3%
保護者の就労の場合の援助	5.1%
障害のある子どもの預かり・送迎など	3.7%
買い物等外出の際の預かり	3.5%
学校、幼稚園、保育所の休みの際の預かり・援助	2.1%
保護者の病気、急用等の際の援助	2.0%
産前産後の育児援助等	1.8%
冠婚葬祭や他の子どもの学校行事の際の預かり	1.4%
保護者のリフレッシュ・習い事等の預かり	1.2%
病児・病後児の預かり	0.4%
早朝・夜間等の緊急時の預かり	0.3%
病児・産後児保育施設等の送迎	0.2%
宿泊を伴う預かり	0.1%
その他	3.2%
合計	100.0%

(出所) 一般財団法人女性労働協会 (2017:14) をもとに筆者作成

● ニーズ対応機能

まずあげられるのは、これまで確認したように、他の子育て支援制度で対応できていない子育て家庭のニーズへ対応するという役割です。このような役割は、ファミサポ事業のニーズ対応機能と言い換えることも可能です。ちょっとした預かりや送迎をともなう預かりなど、多様化する子育て家庭のニーズに対して個別に対応できるという点は、ファミサポ事業の強みとして捉えられています。公的な子育て支援制度を補い子育て環境を整えるという役割は明らかで、この点については政府の実施要綱においても事業の目的として明記されています。ある意味では「目に見える」役割がニーズ対応機能です。

◉地域支えあい機能

　同時に、ファミサポ事業に関しては「目に見えない」役割があります。これは、隣近所で行われていた助けあいを現代的に制度化した仕組みであるからこそ生じる「地域支えあい機能」とも表現できる役割です。この機能はファミサポ事業の特徴を浮かび上がらせるものですが、具体的にどのような形で現れるのか、つづいて確認したいと思います。

　例えば、子育て中に孤立しがちな依頼会員が、提供会員やその家族との関係を築くということがあります。ファミサポ事業の援助が終了した後、提供会員の自宅に子どもを迎えに行った依頼会員が、提供会員とお茶を飲みながら対話を楽しむ風景は活動現場ではよく見られる光景です。地域に人間関係のない依頼会員であっても、ファミサポ事業を利用することで地域のなかで提供会員と出会うことができ、異世代との交流を行うことができます。なおかつ、この交流は援助する側―される側という関係ではないフラットな人間関係でもあり、「気軽に子育ての悩みを相談できる」「身近な親のような存在ができる」という安心感を依頼会員に与えることにもつながっています。このように、会員同士がゆるやかにつながることができる点は「地域支えあい機能」の特徴です。

　また、提供会員の社会参加としての意義も指摘できます。ファミサポ事業は提供会員の「自分と同じような状況に置かれている人の手助けをしたい」「子育て経験を活かしたい」というような社会参加のニーズを受け止めています。提供会員に焦点を当てた調査研究では、日常的に業務を行っているわけではないが依頼があれば活動するというファミサポ事業の形態こそが、ゆるやかな社会参加のニーズを受け止めていると指摘します（松井、2009）。同時に、提供会員からアドバイザーになる、他の子育て支援活動に関わるようになるなど、より積極的な意志をもつ提供会員に関しては、提供会員としての活動がつぎの社会参加につながるケースもあります。ファミサポ事業は主に高年齢者の社会参加のニーズを受け止めると同時に、より積極的な社会参加の意思をもつ提供会員にとってはステップアップの機会として機能する

など、提供会員にとっての意義も存在するといえます。

　さらに、依頼会員への影響に着目した調査研究では、依頼会員の学習機会として機能することが指摘されています（東内，2010）。ファミサポ事業の依頼会員は預ける行為を通して、「子どもとの関わり方を学ぶ経験」「家事や育児の方法を学ぶ経験」「地域とのつながりを学ぶ経験」をしており、指導的ではない学習機会は、子育て支援制度や家庭教育支援を消費サービスとしか捉えられないという壁を乗り越え、親の主体形成に影響を与えていることが明らかにされています。

　以上のように、ファミサポ事業は事業の目的として明記されているニーズ対応機能だけではなく、複数の地域支えあい機能を担っています。また、後者は、ファミサポ事業が「支えあい」の形態で運営されるがゆえの意義でもあります。そのため、ファミサポ事業の今後について考える際には、両方の機能について把握し検討する必要があるといえます。

⑤「子ども・子育て支援新制度」とファミサポ事業

　このように、ニーズ対応機能と地域支えあい機能とを併せもつファミサポ事業は、2015年度から子ども・子育て支援新制度の開始に伴い、政策上の位置づけが変化しました。子ども・子育て支援新制度はファミサポ事業にも大きく関係する制度で、内閣府、文部科学省、厚生労働省の関連省庁が共通課題として支援制度の多様化や量的拡充をめざしています。

　子ども・子育て支援新制度の概要は図2のようになっています。市町村が主体となる保育所、幼稚園、認定こども園、地域型保育などの教育・保育サービス、地域の実情に応じて実施される地域子ども・子育て支援事業のほか、国が主体となって取り組む仕事・子育て両立支援事業から成り立っています。この仕組みのなかで、ファミサポ事業は地域子ども・子育て支援事業に位置づけられています。地域子ども・子育て支援事業には、放課後児童クラブ、乳児家庭全戸訪問事業など13種類の取り組みがあります。ファミサポ事業は住民同士の「支えあい」活動でありながら、子ども・子育て支援新

制度では、子育て支援の一つの柱を担う取り組みとして明確に位置づけられていることがわかります。

このように、子育て支援制度の充実をめざしながらも子育て家庭が必要とする支援への対応が十分でないなか、住民同士のニーズをマッチングするファミサポ事業は、近年いっそう着目される取り組みとなっています。しかし、これまで述べてきたような積極的な側面を有しながらも、同時に課題を抱えています。ここからは一歩踏み込んで、ファミサポ事業の経緯を手がかりに、今後の方向性について考えたいと思います。

(3) これまでのファミリー・サポート・センター事業

そもそもファミサポ事業は、これまでどのような目的のもとに展開されてきたのでしょうか。今後の方向性について考える際、これまでの経緯を知ることは必要不可欠です。特に、ファミサポ事業はその時々の社会状況に影響を受けながら拡充してきた歴史があり、これまでの経過をふまえない上での

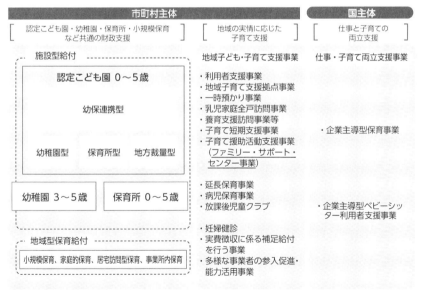

図2 子ども・子育て支援新制度の概要　　（出所）内閣府（2018：6）をもとに筆者作成

方向性は本質を見誤ったものになりかねません。そこで、まずはこれまでのファミサポ事業の歩みを確認します。

①女性の社会進出と支えあい活動

　ファミサポ事業のような支えあい活動の端緒は、1980年代に見出すことができます。当時、会員登録型の有償ボランティアによる支えあいの仕組みは、隣近所で行われていた手助けの機能を現代的に制度化することで地域における助けあいを再構築すると考えられていました。加えて、無償のボランティアではない「有償ボランティア」の形態は、会員同士の気兼ねない利用と活動を後押ししたことから全国へ急速に広がりました。一方、より現実的な背景には、女性が労働者として働き始めるにともない、それまで主として女性が家庭で担っていた家事や育児・介護などのケア労働へ対応する社会サービスが圧倒的に不足したということがあります。

　そのようななかで、1982年に労働省（現厚生労働省）によるファミサポ事業の前身となる事業（ファミリーサービスクラブ事業）が、家事やケア労働に対応する公的な制度として開始されています。その後、ファミリーサービスクラブ事業が担っていた介護サポートの大部分は住民参加型在宅福祉サービスと呼ばれる住民サービスと、フォーマルな介護保険制度に吸収されていきましたが、依然としてニーズの高い育児サポートに対応するものとして1994年にファミサポ事業が開始されることになりました。事業が開始された当初の議論では、つぎのように述べられています。

　私ども、女性をめぐるさまざまな問題の中の一つに、<u>職業と家族的責任を両立することのできるような環境条件を整備していく</u>というのが非常に大きな政策課題であるというふうに認識をいたしておるわけでございます。このため、さまざまな対策に取り組んでおりますけれども、お尋ねのファミリー・サポート・センター事業といいますのは、実は来年度新しく始めたいということで現在予算要求を行っているものでございます。その考え方は、現在でもかなり多様な保育施設

があるわけでございますけれども、それで応じ切れない変則的な、また変動的な保育ニーズというものもあるわけでございます。多くの女性が保育所だけでは対応できず、二重保育、三重保育をやっているような例もあるわけでございます。そういった保育ニーズに対応するため、地域における仕事と育児両立のための相互援助活動といったようなものを実施していただく。従来ですと、それらは地縁関係の中でお互いの助け合いでやられたものが多いかもしれませんけれども、最近そのあたりのことが崩れてきておりまして、特に都会ではなかなかそういう援助も得られない。それがために二重、三重の保育をしなきゃいけないということで随分困っている女性も多いわけでございますので、そういった地域における相互援助活動を行政として支援したい。そういうことで、今までの保育施設では応じ切れないような保育ニーズに対応できるようなサポート事業を実施したいというものでございます。

(出所)第128回参議院労働委員会会議録2号(1993年11月4日)(労働省婦人局〈当時〉松原亘子氏発言)

　この発言には、ファミサポ事業の設立時の意図が集約されています。当時、働く女性の育児支援として開始されるとともに、担う援助の内容は「地縁関係の助けあい」の範囲が想定されていました。

②子育て支援の機能強化

　2001年の労働省と厚生省の統合をきっかけとして、ファミサポ事業を実施する市区町村、会員数や活動件数は年々増加しました。また、共働き世帯の増加により子育て支援に対するニーズが顕在化する一方、主として都市部では子育て家庭のニーズに対応できるサービスが不十分であり、その不足を補うようにファミサポ事業の利用が促進されることになります。

　さらに、公的な子育て支援として運営されることになったファミサポ事業は2005年以降、急速に機能強化が図られることになります。そのきっかけとなったのが、病児・病後児支援機能を付与する緊急サポートネットワーク事業の開始でした。緊急サポートネットワーク事業は、従来のファミサポ事業

では対応できなかった病児・病後児の預かりや、急な出張等の際の宿泊をともなう預かりを行うことを目的として、2009年からは病児・緊急対応強化事業としてファミサポ事業に組み込まれることになりました。このようにして、本来想定されていなかった長時間の援助や病児・病後児など専門性の高い援助の役割付与が徐々に行われるようになりました。

③「保育」が求められるファミサポ事業

2015年度から本格的に開始された子ども・子育て支援新制度において、ファミサポ事業の対応内容は、いっそう高度化しています。運営の指針となる厚生労働省「子育て援助活動支援事業（ファミリー・サポート・センター事業）実施要綱」（雇児発0403第31号平成29年4月3日）において、ファミサポ事業は、通常の一時預かり等を実施する「基本事業」のほか、病児・病後児等の預かりなどを実施する「病児・緊急対策強化事業」、ひとり親家庭等への利用支援を行う「ファミリー・サポート・センターにおけるひとり親家庭、低所得者及びダブルケア負担の世帯の利用支援」の3つの事業から構成されています。ひとり親家庭等への利用支援は、子ども・子育て支援新制度において新しく付与されたものです。このように当初、変則的・変動的な「地縁関係の助けあい」の援助が想定されていたファミサポ事業ですが、特に、子ども・子育て支援新制度のもとでは、ひとり親家庭等の利用支援として「会員の活動時間の制限をなくし、早朝、夜間、宿泊、休日の受入れなどに柔軟に対応」する機能が付与されるなど、高度なニーズへの対応が求められる事業になっています。

このような背景には、共働きや養育に困難を抱える子育て家庭の増加にともない年々専門的な「保育」に対する需要が高まる一方で、公的保育サービスは変則的・個別的なニーズに応じきることができず、潜在的な保育ニーズが存在しているという構造的な課題があります。また、従来から保育所で対応されてきた長時間、定期保育にとどまらず「一時預かり」に関する保育ニーズが高まりを見せています。近年の子育てを取り巻く環境は、かつてに

比べ保育需要が量的にも質的にも高まっている一方で供給が追いついていません。このような状況のなかで、都市部を中心にいわゆるベビーシッターに対するニーズが高まる実情や、ファミサポ事業に対して子育て支援の枠を超えて「保育」が求められる現状が存在しているといえます。

（4）ファミリー・サポート・センター事業の今後にむけて

　ファミサポ事業は、地域のなかで子育てを支援することを理念として、地域の支えあいの仕組みとして制度化され全国に広がって来ました。

　これまで確認したように、ファミサポ事業の意義には、他の子育て支援制度で対応できない子育て家庭の支援ニーズに対応する機能と同時に、急激な政策展開のなかでは見落とされがちである、提供会員と依頼会員の人間関係の構築、ひいてはそこで構築される関係が他の公的施策では達成困難な学習機会を構築するなど、地域の支えあいとしての機能が存在しています。一方、慢性的な保育ニーズを背景に、子ども・子育て支援新制度のもとでは、専門的な役割が付与されています。このようなファミサポ事業の今後の方向性について考える際には、特異な形態で運営される制度であるがゆえに、つぎの点を意識的におさえる必要があります。

①制度の特性を認識する

　まずは、制度の特性を今一度見つめ直す必要性です。ファミサポ事業は活動実態が急速に広がる一方で、他の子育て支援制度に比べ、制度の意義と課題を含めた検討が行われていないという実情があります。

　もともとファミサポ事業は、不定期・短時間の「地縁関係の助けあい」の援助を担うものとして開始された制度でした。しかし、実施する市区町村が増え続けるなか、全国的に不定期よりも定期的な援助が多く、長時間や宿泊をともなう援助も実施されています。また、病児・病後児や障がい児に対する援助を行うセンターが増えるとともに、他の子育て支援制度からもれ落ちてしまう困難事例を、センターの「善意」により最終的な受け皿としてファ

ミサポ事業で対応するケースが目立ってきている実情もあります。

　国や市区町村が一定の関与を行いながらも、センターが示す枠組み自体にも強制力はなく、最終的には依頼会員と提供会員間の「請負又は準委任契約」にもとづき運営されるというあり方は、ファミサポ事業特有の形態です。このような特有の形態で運営されているからこそ、フレキシブルに子育て家庭のニーズに対応することが可能となり全国に広がってきたという側面は確かにあるでしょう。しかし同時に、現行では当初意識的に援助対象から除外されていた高度な援助を担うようになっています。ファミサポ事業が長年、現在の形態により継続的に実施されてきたのは、この仕組みに過度の負担を強いず地道な援助が行われていたからだともいえます。ファミサポ事業は地域における「支えあい」としての役割を担うものですが、専門的保育サービスの代替として機能することはできません。高度な援助を担うことを年々要請され、過度の負担を強いられている近年の状況においては、制度の特性と役割を今一度見つめ直す必要があります。

　ファミサポ事業が開始された当初は、他の類似する民間サービスや公的サービスとの相違が絶えず考え続けられていましたが、現在では、他のサービスとの違いが検討される猶予もなく、地域の援助ニーズに対応し拡大し続けている側面が否定できません。その結果、高度な援助内容が付与され、過度の負担を強いられる近年の状況に陥っています。援助内容が専門的になり、負担が増大することは事業の強みである「支えあい」の仕組みを崩れさせることにもなりかねません。ファミサポ事業の住民同士による子育て支援活動の特性を他の子育て支援・保育関連事業との関係性のなかで検証し、その上で、地域で担っている役割を活かすことのできる方向性を模索することが今後の課題といえます。

　子ども・子育て支援新制度においては、子育て支援施策の多様化や量的拡大が図られファミサポ事業も例外ではないため、今後はファミサポ事業の制度の特性を認識しながらの展開が求められています。その際、制度が拡充してきた歴史を今一度振り返ることは有益ではないでしょうか。

②多様な関係者・関係機関により制度改善に取り組む

　つぎに、ファミサポ事業に関わる幅広い関係者・関係機関による検討が求められているという点です。ファミサポ事業は、子ども、依頼会員、提供会員、両方会員をはじめ、センターのアドバイザーをはじめとするスタッフ、行政機関のほか、センターを運営する上での連携機関など、運営に関する関係者・関係機関が多岐にわたっています。また、これまでたびたびふれてきたように、他に類似する制度がない特異な形態ですが、これまで制度の意義と課題を含めた幅広い関係者による検討が行われて来なかった実態があるため、今後考えなければならない課題は多岐におよんでいます。

　一方、すでに地域に根づいている各地域のセンターの運営内容は、市区町村や委託先の実施主体の方針、地域の他の子育て支援サービスの状況に影響を受けるためセンターごとに実に多様です。地域における子育て支援サービスが不足するなか、困難を抱える子育て家庭を「ほっとけない」というパッションに裏打ちされ、高度な援助ニーズに積極的に対応するセンターもあれば、地域に整備された子育て支援制度のなかで、「地縁関係の助けあい」の援助内容のみを担うセンターも存在しています。このような多様な地域の実態をふまえながら今後の方向性を模索する際、ファミサポ事業の制度設計は、一機関による検討だけでカバーできる性質のものではありません。関係分野も多岐にわたり、保育、教育、福祉、医療等、各領域からの検討も求められます。ファミサポ事業は、意義と課題の両方を内包しながら、事業の検討が求められている制度であることは間違いありません。そのようななか、関係する人や機関、検討すべき内容・分野も多岐にわたります。そのため、幅広い関係者・関係機関による検討を行うことが改善への近道だといえます。

（5）おわりに

　ここではファミサポ事業の基礎的なことを確認しながら、今後の方向性について考えてきました。ファミサポ事業は約30年間にわたり運営され、現在では子育て支援施策の柱を担う事業となっています。日々多くの子育て家庭

が利用し、人間関係が築かれ、支えあいの仕組みとして機能しているという事実があります。一方で、長年の政策展開のなかではファミサポ事業の支えあいとしての側面が見落とされがちであり、子育て支援や保育ニーズの増大にともなって子育て支援の枠を超えて「保育」が求められ、援助内容の高度化が急速に進行しています。八尾市における事故は、ファミサポ事業を安心・安全なものに高めていくためには個人やセンターなど現場の力だけでは解決することができず、公的機関の役割も必要であることを明確にしました。多くの子育て家庭に利用されるファミサポ事業が、制度の特性をふまえた上で、関係者・関係機関による具体的な対応により高められていくことを切に願います。

【参考資料】
一般財団法人女性労働協会（2017）「平成28年度全国ファミリー・サポート・センター活動実態調査結果」
東根ちよ（2015）「ファミリー・サポート・センター事業を支える会員の意識」『生協総研賞・第11回助成事業研究論文集』公益財団法人生協総合研究所、21-45頁
松井剛太（2009）「ファミリー・サポート・センターの副次的意義に関する検討―高齢者の「生きがい」に注目して」『香川大学教育学部研究報告 第1部』131号、21-28頁
東内瑠里子（2010）「平成19年度～平成21年度 総合研究報告書 地域の子育て支援としての一時保育事業の学習機能に関する研究―ファミリー・サポート・センター事業に着目して」厚生労働科学研究成果データベース（2017年12月10日取得、https://mhlw-grants.niph.go.jp/niph/search/NIDD00.do?resrchNum= 200901041B）
厚生労働省（2017）「「子育て援助活動支援事業」（ファミリー・サポート・センター事業）の実施について（実施要綱）（平成29年4月3日）」厚生労働省ホームページ（2017年12月10日取得、http://www.mhlw.go.jp/file/06-Seisakujouhou-11900000-Koyoukintoujidoukateikyoku/0000160891.pdf）
厚生労働省（2018）「子育て援助活動支援事業（ファミリー・サポート・センター事業）について」厚生労働省ホームページ（2018年7月1日閲覧、http://www.mhlw.go.jp/bunya/koyoukintou/ikuji-kaigo01/）
内閣府（2018）「子ども・子育て支援新制度について（平成29年6月）」内閣府ホームページ（2018年7月1日取得、http://www8.cao.go.jp/shoushi/shinseido/outline/pdf/setsumei.pdf）

2 ファミリー・サポート・センター事業における支援者養成の課題
アドバイザーの専門性を支える国・自治体の条件整備の必要性

日本福祉大学子ども発達学部　東内瑠里子

（1）ファミサポ事業の特殊性と安全なシステムづくり

　全国のファミサポの運営支援を行っている一般財団法人女性労働協会の調査（2017）（以下、女性労働協会の調査）から、ファミリー・サポート・センター事業（以下、ファミサポ事業）において、依頼をしたい会員（約44万8千人）は、援助活動を行う会員（約11万4千人）の約4倍に達することがあきらかとなりました。さらに、依頼をしたい会員数は年々伸び続け、援助を行う会員は減少しています[1]。この数値からだけでも、子育ての手助けを求めるニーズの多さと、地域で援助を行う会員の不足に気づかされます。

　これまでのファミサポ事業は、フォーマルな養成体系をもった保育士資格制度によるものではなく、子育ての経験を重視した日本人の生活の知恵から生まれた相互扶助によるものでした。現在のような制度としての子育て支援事業がなかった時代に、1973年エスクによる「家庭的保育」アプローチ、1982年地域婦人連合会のファミリー・サービス・クラブ（28都市で実施）による「地域のかけこみ寺」としてのアプローチ、1989年社団法人ライフ・ケア・ひたちによる「ボランティアに気を遣う日本人気質」を考慮したワンコインによるアプローチなど、現在のファミサポの形態が各地域で生み出されました。つまり、「共同養育」体制を地域につくり出す必要性を使命とした団体が、草の根的に取り組み始めたものです。そのため各地域独自の子育てにおける課題に沿って、従来の支援の隙間を埋める柔軟な取り組みが行われていました。現在は、草の根的な活動だけではなく、公的な制度となり、誰でもが広く使える活動となりました。

　ファミサポ事業は、2015年「子ども・子育て支援法」に位置づけられまし

た。同法では、「すべての子ども」を対象とし「内容及び水準は、良質かつ適切なものでなければならない」と規定されました。会員間同士の契約（請負または準委任契約[2]）に基づく事業ですが、公的なものだからこそ、援助する会員の力量によっては、子どもの命が脅かされるものであってはなりません。しかし、八尾市の事故から、援助活動を行う会員が、自分の経験による判断だけで支援を行った場合、重大事故を引き起こす可能性があることが明らかとなりました。有償ボランティアによる活動を、公的に実施するためには、どの地域で事業展開されても安全であるシステム作りが必要です。では、事故を起こさないようにするにはどうすればよいでしょうか[3]。私たちが八尾市の事故から学ぶべき教訓は何でしょうか。あるいは万が一事故が起こった際、どのようにすれば被害者の立場に立った行動ができるのでしょうか。地域の中で、子育ての手助けを必要とする切実なニーズに応えるファミサポ事業が、今後も安全な活動として発展していくために、本論では、八尾市の事故の教訓から、支援者（アドバイザーおよび援助活動を行う会員）養成について考えていきたいと思います。

（2）沖縄県のアドバイザー研修事業で検討した八尾市の事故の教訓

①事前打ち合わせの重要性

　筆者は、2017年2月17日に、沖縄県ファミサポ事業のアドバイザー研修事業（上級〈応用〉編）をさせていただきました。沖縄県のファミサポ事業は、全国で行われている一般的な送迎や一時預かりだけでなく、家庭環境が複雑なケースへの援助を、他事業や他機関と連携しながら行っています。非常に複雑なケースにかかわることもあるため、研修に熱心に取り組んでいる都道府県の一つといえます。研修では、藤井真希さんが、2016年7月26日証人喚問に向けて裁判所に提出された陳述書を、藤井さんの許可をいただき、アドバイザー全員で読み合わせ、今後の沖縄県の活動が、教訓とすべきことは何かを考えあいました。そこでアドバイザーが学びあったことは、大きく分けて3点ありました。

一つ目の教訓は、事前打ち合わせの大切さです。藤井さんの陳述書では、事前打ち合わせについて次のように述べられていました。

> 2.ファミサポ利用の経緯
> （5）……＜前略＞……Ａさん（援助会員）自身やこれまでの援助経験についての話が全くなく、こちらからタイミングをうかがって尋ねることで情報をえるような状況でした。Ａさんとアドバイザーはとても親しげに話をしていましたが、ほとんどが私には分からない雑談でした。丙1の紙以外の書類等は一切なく、事前打ち合わせってこんなものなのか？と不思議に感じました……＜中略＞……しかしさつきについてのことさえあまり話題に上がらなかったため、せめて必要なことは知っておいてもらおうと考え、再びタイミングをうかがいながら、こちらから基本的な生活や乳児湿疹の状況などを伝えましたが、メモを取る様子もありませんでした。「事前打ち合わせ」はほとんどが雑談のうちに、10分ほどで終了しました。
> 　　藤井真希作成「陳述書　2016年5月9日　2.ファミサポ利用の経緯（5）」より引用

　沖縄県のアドバイザーからは、「事前打ち合わせは、子どもの特徴や配慮事項を把握する貴重な機会であるため、ていねいに実施しているし、これからもていねいにしていかなければいけない」という声があがりました。女性労働協会の調査（2017）によると、事前打ち合わせを義務付けていないセンターは約5％あります。1時間未満、あるいはたった1回の送迎でさえも、子どもの日常生活の様子や性格、体調面などを理解しておかなければ、安全な活動はできません。また、大切な子どもを預ける依頼会員と預かる提供会員間の信頼関係をつくる最初の貴重な機会でもあります。保育所や幼稚園であれば、「慣らし保育」や「親子登園」をするなど、ていねいな受け入れが行われています。様々な調査で、保育施設などへの子どもの預けはじめに、突然死が起こるリスクが高いといわれていることからも、事前打ち合わせは、ファミサポ事業にとって、もっとも重要なものの一つといえます。

一方で、女性労働協会の調査（2017）によると、9割を超えるセンターが事前打ち合わせを無料で行っているため、援助を行う会員にとっては、無償の取り組みとなっています。また、約7割のアドバイザーが、業務時間外に事前打ち合わせに立ち会っているという現実もあります。重要な機会である事前打ち合わせを確実に行うため、有料化に踏み切ったセンターが、約5％あるといいます。女性労働協会の調査では、ほとんどのセンターが、有料化の必要はないと回答しています[4]が、安全のために、事前打ち合わせをていねいに行うという意味では、有料化も一つの方策であると考えます。事故を防ぎ、安全な活動を保障するための事前打ち合わせを徹底するためには、国や自治体による費用負担を期待したいと思います。

②事前研修の重要性

　二つ目の教訓は、自分の経験による判断だけで子どもを預かることの危険性および活動前の研修の重要性です。

---

3. 一回目の利用
（1）……＜前略＞……午前11時20分ころ迎えにいくと、さつきは起きていましたが、片方の頬に型がついており、まつ毛の端がややつぶれたようになっていたため、尋ねたところうつ伏せで50分ほど寝ていた、と言われました。
（2）私は母子手帳などでうつぶせ寝の危険を認識しており、自宅では決してさせず、腹這いの練習は保健センターの指導どおり日中の機嫌が良い時だけにしていたため、「うちではうつぶせ寝はさせていない」ことを伝えました。すると、「うつぶせ寝は良く寝るのでいいし、何事も勉強・経験したほうが良い」ということを言われました。私は預かってくれている相手の気持ちへの遠慮と、初回からあれこれ注文をつけるとの印象をもたれることは避けたいという思いから、それ以上強く伝えることはできませんでしたが、きっと今回は十分に注意して様子をみてくれていたうえでのことであったのだろうし、きっとこれからは控えてくれるだろうと考えることにしました。今ではこのことを本

当に後悔しています。

　……＜中略＞……

　6.事故当初の対応

　（1）……＜前略＞……Aさんに対する確認と併せて、八尾市と社協に対しては、ファミサポ事業運営や研修についても確認する時間を取りました。その中でAさんはうつ伏せの危険を全く認識していなかったことや、その点においてのセンターでの事前研修は十分されていなかったことが明らかになりました。

藤井真希作成「陳述書　2016年5月9日　3.一回目の利用（1）（2）」
「6.事故当初の対応（1）」より引用

　沖縄県のアドバイザーからは、「ベテランの中には、自己流で子どもと関わっている場合がある」「アドバイザーも、援助を行う会員がベテランだという安心感から見過ごすことがある」「ベテランの元保育士などは、30〜40年前は、うつぶせ寝が問題とならなかったので、経験と自信がある」「昔の保育技術を過信する人や自己流を通す性格の方もいる」「うつぶせ寝の危険性について、研修し続ける必要がある」などの意見が出ました。

　女性労働協会の調査（2017）によると、援助を行う会員の約4割が60歳以上となっています。援助を行う会員が、うつぶせ寝が流行っていた時代に保育士としてうつぶせ寝をさせていた場合や、自分の子育てでうつぶせ寝をさせていた経験のある人もいます。事故の予防のために、子育て経験から自己流の保育技術を過信して活動を行わないように、事前研修を徹底することが大切だといえます。

　女性労働協会作成の会員向け講習会テキスト『育児サポート3』にも、うつぶせ寝の危険性は書かれており、重要な研修内容となっています。後述しますが、各自治体での事前研修の徹底が大切といえます。

③リスクマネジメントの重要性

　三つ目の教訓は、事故後の心肺蘇生などの救急対応および状況調査を含

む初動対応、リスクマネジメントの大切さです。

> 4.事件当日の経過
>
> （3）……＜前略＞……Ａさんはそのあとの聞き取りにおいて、このときの自身の様子を「パニクっていた」と表現していましたが、まさにその通りで、ただあたふたしているだけであり、人工呼吸や心臓マッサージのような救急対応は全くとっていませんでした。
>
> （5）さつきは処置室に運ばれ、私とＡさんは少し離れた付き添い者待機用の小さな部屋で待つように言われました。Ａさんは「すみませんでした」と繰り返していました。私の頭と心は絶望の中でもさつきを信じて応援することでいっぱいだったので、正直なところＡさんのことは目の前に居ながらも眼中にありませんでした。
>
> 後になって、Ａさんの証言が二転三転した事実から考えると、このときに無理にでも本人から詳しい状況を聞き出すことができていれば良かったと何度も思いましたが、実際には到底できない状況でした。
>
> 6.事故当初の対応
>
> （1）……＜前略＞……事故の翌日以降も被告側の人々は交替で病院に来ていましたが、誰からも事故そのものや対応方針についての説明がありませんでした。
>
> （2）……＜前略＞……二回目の聞き取りでは、報告書にとらわれずはじめからＡさんに語ってもらうべきだと考えました。……＜中略＞……Ａさんの説明にははっきりしない点が多く、「わかりません……」の言葉とともに説明もたびたび変化しました。涙や沈黙によるかなり長い中断も多く、聞き取りは長時間に及びました。
>
> 　　　　藤井真希作成「陳述書　2016年5月9日　4.事件当日の経過（3）（5）」
> 　　　　　　　　　　　　　　　　　「6.事故当初の対応（1）（2）」より引用

沖縄県のアドバイザーからは、「事故後のセンターや自治体の初動対応の

重要性」や「初動対応をしないと、援助を行う会員が、事実を話しにくくなっていくのではないか」という意見が出ました。また、研修によって、事故の予防や救急対応の技術を獲得することの重要性も指摘されました。

　藤井さんは、非常につらい中でも、陳述書の中で「私たちはとにかく、たとえつらい事実であっても起こったことをありのまま話してほしい一心で、決して声を荒立てたりＡさんを責めたりするようなことはせず、Ａさんの二転三転する説明や不審なほど長い沈黙すらもひたすら冷静に堪えていました。全てを話すことが彼女にとっても救いであるはずで、そうできる環境を作らねばならないと考えていました」と述べています[5]。先述したように、ファミサポ事業は、会員当事者間の契約に基づくものとなっていますが、実施主体である自治体や、会員間の連絡・調整を行うセンターの安全管理体制の整備をしておかなければならないことが明らかとなりました。また、事故の予防、再発防止の研修を行っていくことの重要性が明らかとなりました。

　八尾市の事故を教訓として、国やファミサポ関係団体は、事故予防や再発防止に力を注ぐようになりました。八尾市の事故を受け、全国のファミサポ事業の運営支援を行っている女性労働協会は、ファミリー・サポート・センター事業における重大事故防止のため、全国各地でリスクマネジメント研修を継続的に行うようになりました。年1回実施される全国のアドバイザー研修においても、リスクマネジメントをテーマとする研修を実施するようになっています。また、女性労働協会「ファミリー・サポート・センター設立と運営の手引き」においても、対応方法がまとめられています[6]。国では、2016年3月に「教育・保育施設等における事故防止及び事故発生時の対応のためのガイドライン」がまとめられ、厚生労働省の「子育て援助活動支援事業（ファミサポ事業）実施要綱」（2017年4月1日適用）において、「緊急救命講習の必須化（要綱3（1）④ケ）」が通知されました[7]。

　女性労働協会の調査（2017）によると、救命救急講習を実施していないセンターが約1割ある[8]といいますが、八尾市の事故を教訓に、全センターが、安全な運営のために、緊急救命講習の実施を徹底する必要があります。

このように、これまでアドバイザーや援助を行う会員の並々ならぬ情熱や善意だけで運営されてきた事業が、活動全体を事故の予防、再発防止の観点からマネジメントすることによって、安全な活動を保障するようになってきています。ではなぜ、緊急救命講習の未実施にみられるような、支援者養成が徹底されない現状があるのでしょうか。以下では、養成講習の現状と課題について考えてみます。

（3）援助活動を行う会員に対する講習の現状と課題
―― 講習の必要性の認識と援助を行う会員不足のジレンマ

　結論から述べると、センターや自治体は、ていねいな養成講習の必要性を認識しています。しかし支援者養成が徹底されないセンターの意見としては、利用したい会員の増加と、援助活動を行う会員のなり手不足のジレンマ、需要と供給のアンバランスが課題となっていることが挙げられます。どうにかして子育てに困っている家庭の手助けをしたいが、活動のハードル（専門性）が高まると、子育て支援の専門家ではない地域住民が支援の手をさしのべにくくなるという意見があります。また、有償ですが、その額は労働の対価として極めて少額であり、自発的・主体的な自由意思、自己犠牲によるボランティアを前提とした活動に、連絡・調整を業務としているセンター側から、どの程度専門性を求めるかの葛藤が影響していると考えられます。一方、講習をていねいに実施しているセンターと、していないセンターが二極化している現状があります。それはなぜでしょうか。

　厚生労働省が通知している実施要綱（2017年4月1日適用）によると、援助活動を行う会員は、緊急救命講習を「必ず」実施するほかに、表1に示す項目および時間を概ね満たした講習を実施し、これを修了した会員が活動を行うことが望ましいとされています。その他、子育て支援員研修の基本研修、地域保育コースの共通専門研修及びファミサポ事業専門研修をすべて修了した者も当該講習を修了した者とみなされます。また、子育て支援員研修のうち基本研修に加え、地域保育研修をすでに終了しているもの（ファミサポ

表1 講習カリキュラム（参考）

講座項目	講師	時間（目安）
1. 保育の心	保育士・保健師	2時間
2. 心の発達とその問題	発達心理の専門家	4時間
3. 身体の発育と病気	小児科医	2時間
4. 小児看護の基礎知識	看護師・保健師	4時間
5. 安全・事故	医師・保健師・保育士	2時間
6. 子どもの世話	保健師・保育士	2時間
7. 子どもの遊び	保育士	2時間
8. 子どもの栄養と食生活	栄養・保育学科栄養学の専門家、管理栄養士等	3時間
9. 事業を円滑に進めるために	ファミサポアドバイザー等	3時間
	合計	24時間

厚生労働省雇用均等・児童家庭局長「子育て援助活動支援事業（ファミリー・サポート・センター事業）の実施について」（三次改正　雇児発0403第31号平成29年4月3日）から引用

専門研修のみ未修了）については、表1の「9．事業を円滑に進めるために」のみを受講することによって、当該講習を修了した者とみなされます[9]。

　また、援助を行う会員は、必ず子育て支援員研修を修了しなければならないわけではなく、各センターで、会員登録のために独自に実施している養成講座を受講することで、会員となることができます。

　次に、援助活動を行う会員への養成講習（活動前）の全国の実態を女性労働協会（2017）の調査からみていきます。

　まず講座項目数について、国の基準と同じ、あるいはそれ以上のセンターは約3割である一方、約2割は1～2項目、約1割は講習会未実施のまま活動開始、あるいは活動しながら養成講座を受講していく形となっています。また、講習会の合計時間数は、約2割が国基準に近いか、それ（20時間）以上となっています。しかし、講習会の合計時間数が、0時間のセンターが約1割存在します。そして、講習会の日数は、8日以上というかなりていねいに実施しているセンターが約5％ある一方で、0日（全く実施していない）のセンターも約1割となっています。つまり講習をていねいに実施しているセン

ターと、していないセンターが二極化していると考えられます。

　ファミサポの運営支援を行っている女性労働協会は、講習会の開催は不可欠だ[10]としていますが、なぜこのような実態となっているのでしょうか。そこには、センターとしての大きな葛藤があることがうかがえます。「厚生労働省の通知で提示された講習カリキュラムの実施にあたっての意見」の項目で、「講習時間を増やすと援助を行う会員が集まらない」と考えるセンターが約8割、「援助を行う会員に今以上の負担をかけたくない」が約7割となっています。講習時間や項目が増えると援助活動を行う会員の負担が大きくなり、ただでさえ不足しているなり手が、さらに減少することへの危惧がうかがわれます。また、「講習会の課題」に対する自由記述として、「講習会受講後に一人で預かりをすることが不安となり、実際の活動ができないケースがある」ことが挙げられています。一方で、「自治体担当者の理解が得られない」、「センターとして、講習を増やす必要性を感じない」に対しては、いずれも「そうは思わない」の割合が高くなっています。つまり厚生労働省の通知にある講習カリキュラムを実施する必要性は、センター・自治体ともに認識していることがわかります。したがって、講習の重要性は認識されながらも、援助活動を行う会員の確保が困難であるため、多くのセンターが厚生労働省の通知で示されたカリキュラムの実施に対し、慎重になっていることが見受けられます。

　他方、活動中の事故防止のための取り組みについては、養成講座だけでなく、「フォローアップ講習などの継続的な研修の実施」をしているセンターが約7割あります。そして、さらに深く「事例検討会、情報交換会などの実施」について、約4割のセンターが実施しています。また、送迎活動をしないなど、「活動内容の制限」により事故防止を図るセンターも4割を超えています。他に、「安全チェックリストの配布」、「事前打合せ時に危険箇所の確認」、「チャイルドシート取り付け研修会」など、独自の事故防止の取り組みを行っているセンターがあります[11]。先述しましたが、厚生労働省の「子育て援助活動支援事業（ファミサポ事業）実施要綱」（2017年4月1日適用）において、「緊

急救命講習の必須化」が打ち出されました。これをきっかけに、活動中の事故防止のための取り組みを、全センターが積極的に行えるような体制づくりを自治体が中心となって整備していくことが求められています。

　以上のデータから、センターや自治体は、ていねいな養成講習の必要性を認識しつつも、援助活動を行う会員のなり手不足のジレンマに陥っていることがわかります。しかし、講習をていねいに実施しているセンターと、していないセンターが二極化している現状があるのはなぜでしょうか。仮説の域を出ませんが、一つの要因として、ボランティアが育ちやすい社会・文化的土壌が歴史的につくられてきた地域にあるセンターと、そうでないセンターの違いがあるのかもしれません。前者の地域にあるセンターでは、ファミサポ以外の子育て支援活動や市民活動も活発に展開されています。そのため、後者と比較すると援助活動を行う会員を集めやすい傾向にあると考えられます。

　しかし、そのような地域でも、援助活動を行う会員不足は深刻です。それでも、養成講座をていねいに行うことをあきらめないセンターがあります。そこでは、地域を歩きながら援助活動を行う会員を探したり、自治体職員の退職者に声をかけたり、活動を休んでいる援助活動の掘り起こしを行ったりするなど、非常に熱心な会員募集を行っています。あるいは、ファミサポ事業だけで課題を抱えるのではなく、他の援助活動につなげたり、ボランティアだけに頼らない公的支援メニューの充実を自治体に訴えかけたり、活動のための寄付を集めたりするなど、多様な工夫を生み出しています。

　対局的に、自治体担当者のファミサポ事業に対する理解のなさ、あるいはアドバイザーの力量（専門性）のなさによっては、他の支援事業と比較して、ファミサポ事業だけが発展しないケースもあります。つまり、自治体の理解とアドバイザーの専門性の有無が、養成講座の実施にも影響を与えているという仮説が立つと考えます。では、アドバイザーの専門性とは、どのようなものでしょうか。次では、アドバイザーの専門性と専門性を獲得するための研修について考えていきたいと思います。

（4）アドバイザーの専門性とそれを支える研修の現状と課題

①アドバイザーの経歴および資格要件

　アドバイザーに対する講習について述べる前に、養成される対象者のレディネス（準備性）となるアドバイザーの経歴および資格要件について述べます。

　筆者が、2010年に全国508か所を対象に調査した結果では、アドバイザーの97％が女性であり、40代と50代で約8割を占めていました。最終学歴は、短期大学・大学卒業が約7割、専門学校が約1割であり、ほとんどが高等教育を受けています。保育士など子育て支援に関わる何らかの資格所有者は、約7割であり、約5割弱は、保育士または幼稚園教諭免許取得者、約5割は、保育・幼児教育施設での勤務経験がありました。アドバイザー歴は3年未満と短い人が約4割いる一方、5年以上の経験を積んだ人が約4割とほぼ同数でした。

　一方、先述した女性労働協会の調査（2017）によると、アドバイザーの資格要件を設けているセンターは、約3割で、そのうち「保育士」が約9割、次いで「幼稚園・小学校教諭」が約6割、「看護師」が約1割となっています[12]。

　つまり、雇用側から資格要件を求められることは少ないですが、子育て支援に関わる資格所有者が多く存在します。このことから、アドバイザーは、研修によって、専門性がはぐくまれやすいレディネスがあることがわかります。

②事務ではおさまらない子育て支援の専門性

　アドバイザーのセンターでの業務内容は、厚労省の実施要綱（2017）によると「会員の募集、登録その他の会員組織業務」「相互援助活動の調整・把握等」「会員に対して相互援助に必要な知識を付与する講習会の開催」「会員の交流を深め、情報交換の場を提供するための交流会の開催」「子育て支援関連施設・事業との連絡調整」となっています[13]。そして、アドバイザー

は「相互援助活動の調整等の事務を行うもの」、つまり職務内容は「事務」（連絡・調整）とされています。しかし厚労省は「近年、問題を抱えた親や障害児、ひとり親家庭などの困難ケースの増加、依頼内容の多様化等に伴い、相互援助活動の調整等を行うアドバイザーの役割に関して重要性・専門性が増してきている」とし、2015年に、各都道府県が実施主体となりアドバイザーの研修事業実施に対する補助の通知を出しました[14]。東京都は、先進的に2014年から、アドバイザー研修を実施したが、まだまだ全都道府県で実施されているわけではありません。多様なニーズへの対応を図るためには、「事務」ではおさまらない子育て支援の専門性を必要とすることは明らかです。

③国が考えるアドバイザーの専門性と研修

では、アドバイザーの専門性とは何を指すのでしょうか。雇用均等・児童家庭局より出されたアドバイザーの研修例（2015年）から、国が想定するアドバイザーの専門性の枠組みを読み取ることができます。以下は例として提示されていますが、①ファミサポの現状把握のための研修（内容：ファミサポの現況や課題についての情報交換、国の施策や子育て支援の現状に係る情報提供等）、②ファミサポの活動を安全に行うための研修（内容：リスクマネジメント、活動中の事故防止策、緊急時の対応、ヒヤリ・ハット事例の検証、補償保険のしくみ等）、③ファミサポの会員との関わり方に係る研修（内容：コミュニケーションスキルアップ研修、問題のある家庭との関わり方等）となっています[15]。女性労働協会（2017）の調査によると、実際のアドバイザーのニーズも類似していますが、さらに具体的になっています。2015年度のアドバイザーを対象にした研修は、約7割のセンターで行われています。研修会の主催者は、約7割が「女性労働協会」、約5割が「都道府県」となっています。つまり約3割は研修が未実施であり、都道府県での実施も約半数にとどまっています。ニーズの高い研修内容は、「センター同士の日頃の活動についての情報交換」です。その他、「障害がある子どもの預かり（障害の種類、預かりの留意点等）」、「援助を行う会員の確保」、「緊急時（災害や事故）

の対応やリスクマネジメント」、「会員との上手な関わり方（傾聴、コミュニケーションスキルアップ講座等）」となっています[16]。

④実際の活動事例から読み取れるアドバイザーの専門性

筆者は、実際の活動事例から読み取れるアドバイザーの専門性はもっと高いものだと考えています。筆者は、アドバイザーに関する専門性の先行研究を整理した上[17]で、2014年全国アドバイザー講習会での12事例の報告分析、2016年の先進地インタビュー調査（大都市・委託型、一般市1・直営型、一般市2・委託型）から、次のようなアドバイザーの専門性を整理しました。

一つは、「子どもの権利」を常に尊重することです。援助を行う会員に対して、子育てを支援することが、子どもの権利を守ることにつながるよう、子どもの気持ちに寄り添った援助活動、乳児においては声にならない声（泣きや表情、視線など）も拾えるような援助活動を求めていくことが必要です。大前提として、うつぶせ寝をしないなどの生存権の保障のための事故の予防について、援助する会員への周知徹底が必要です。

二つに、「援助を行う会員である住民の力量形成および力量の見極め」があげられます。そのために、会員とのコミュニケーションと信頼関係、刻々と変化する援助を行う会員の状況の的確な把握、援助を行う会員のもっている力・意欲をいかす、専門家集団ではない良さを生かすことが必要となります。その前提には、打ち解けやすく理解しやすい講習内容づくりの力量が必要となってきます。

三つに、「家族の抱えている子育て問題解決の方向性の見極めとより良い調整機能」です。さらにその中には、より専門性の高い相談援助技術、子どもの特性の見極め、利用会員の子育て観を尊重する力が必要になってきます。

表2 2016年インタビュー調査対象一覧

概要	大都市	一般市1	一般市2
人口	33万	14万	7万
活動件数	18,863	3,079	3,376

四つに、個人対個人の支援という本事業の特殊性から「十分なリスクマネジメント力」が必要となります。

　五つに、「子育て支援組織の構造的把握とネットワーク化」があります。地域での生活感覚を生かし、地域の中のさらに細かい地域区分（字など）の中でどのような子育て支援のニーズがあり、どのような支援活動が行えるのかを考える力や、保育制度の変化による支援の隙間の変化への対応、そしてより良い子育て支援の資源が選択できるような情報発信の力が必要になってきます。本事業は、連携の中でこそ、その良さが発揮されます。

　そして、最後に、これらの専門性を培う条件として「他市町村との交流・研修・自己研鑽」「経験を生かせる安定雇用」があげられます。

　アドバイザーの専門性には、以上の共通項と、各地域の支援構造の違いや住民意識の違い、委託の有無、委託団体の違いなどによる専門性の違いが存在することも、考慮する必要があります。例えば、大都市では、多様な子育て支援組織があり、その連携の中で役割を発揮させていく、アドバイザーの専門性があります。一般市1では、すべての地域情報が集約される直営の良さを生かし、地域の中のさらに細かい地域性を把握するという専門性が発揮されていました。一般市2では、社会的使命と責任のもとにつくられたNPOの多様な事業と連動しながら、複合的な課題への専門的対応を含め、会員に寄り添う専門性が発揮されていました。

　このように先進的なアドバイザーの専門性は、単なる事務ではなく、かなり高度なものになっています。しかし、アドバイザーの専門性については、これまであまり関心が寄せられてきませんでした。このことが、他の福祉職同様、現在のアドバイザーの不安定雇用および低賃金労働につながっていると考えます[18]。熱心なセンターでは、不安定雇用および低賃金労働の現状においても、何か問題が発生したときのために、24時間携帯電話で待機し続けるなど、時間外労働が常態化しており、「やりがいの搾取」や「燃え尽き症候群」につながっています。反面、不安定雇用および低賃金労働は結果的に、「事務」としての仕事にとどまらせ、子育て支援の専門性発揮を阻害

する要因ともなります。結果的に、子育て支援の使命や思想が置き去りにされ、援助を行う会員の養成を消極的にさせてしまうのではないでしょうか。これが、援助を行う会員の講習をていねいに実施しているセンターと、していないセンターの二極化構造を生み出している要因の一つと考えます。

（5）支援者養成のための条件整備の課題

冒頭に述べたとおり、ファミサポ事業は、依頼をしたい会員が、援助活動を行う会員の約4倍に達し、さらに、依頼をしたい会員数は年々伸び続け、援助を行う会員は減少しています[19]。ファミサポ事業は、これまでアドバイザーや援助を行う会員の並々ならぬ情熱や善意に頼って運営されてきました。しかし、八尾市の事故を教訓として、ポイントをおさえた養成講座の開催など活動全体を客観的にマネジメントする必要性にせまられています。

しかしそのためには、これまでのように、アドバイザーや援助を行う会員の情熱や善意だけに責任を負わせるのではなく、国や自治体の条件整備が必要になってきます。その条件整備とは、特にアドバイザーの専門性が発揮できる待遇の改善や、事前打ち合わせなどに対する費用負担、ファミサポ事業だけでは抱えきれない課題に対して自治体としての方策の検討など、地域によって様々です。八尾市の事故の教訓が、ファミサポ事業運営の改善によって、生かされるよう願ってやみません。

　　　　　　　　　　※本研究はJSPS科研費JP15K17363の助成を受けたものです。

【注】

1　一般財団法人女性労働協会「全国ファミサポ活動実態調査結果」2017年3月発行、（有効回答数679センター／配布数769センター、回収率88.3％）参考。
2　厚生労働省雇用均等・児童家庭局長「子育て援助活動支援事業（ファミリー・サポート・センター事業）の実施について」（雇児発0403第31号、平成29年4月3日）参考。
3　京都新聞の調査（2016）によると、京都府と滋賀県の5年間の子どものけがの発生頻度は、0.004％と多くはない。「足りない手　ファミリーサポートのいま（下）」京都新聞、2016年10月30日、朝刊、14頁引用。
4　一般財団法人女性労働協会「ファミリー・サポート・センター　設立と運営の手引き」

2016年発行、74頁参考。
5 藤井真希著「陳述書　2016年5月9日　6.事故当初の対応（2）」より引用。
6 5と同書、30-33頁参考。
7 2と同通知参考。
8 女性労働協会「平成29年度全国アドバイザー講習会・交流会に関するアンケート」（2017年9月29日時点）参考。
9 2と同通知参考。
10 5と同書、24頁参考。
11 1と同書参考。
12 1と同書参考。
13 2と同通知参考。
14 厚生労働省雇用均等・児童家庭局長「職員の資質向上・人材確保等研修事業の実施について」（雇児発0521第19号、平成27年5月21日）「別添8ファミリー・サポート・センター事業アドバイザー研修事業実施要綱」参考。
15 14と同通知引用。
16 1と同書、39頁引用。
17 幸順子「愛知県における子育て家庭支援の研究－ファミリー・サポート・センター事業の検討を通して」『名古屋女子大学紀要 人文・社会編(53)』、65〜78頁、2007年参照。吉川はる奈、鈴木宏子、岸千代子、松本倫子、岸本美紀、向井美穂、上垣内伸子「ファミリー・サポート・センター事業の現状と課題：『提供会員』の養成方法と『依頼会員』のニーズの特徴からの検討」『小児保健研究』71(6)、875〜882頁、2012年など参照。
18 アドバイザーの不安定雇用については、拙稿「地域の子育て支援におけるコーディネーターの専門性と課題―ファミリー・サポート・センター事業に着目して―」『佐賀女子短期大学紀要』第44集　71〜83頁、2010年参照。
19 1と同書参考。

3 八尾ファミサポ事故で明らかになった ファミサポ事業の課題

大阪保育運動連絡会　岩狹匡志

　八尾ファミサポ事故裁判が2017年3月3日に終結したことから、藤井夫妻と支援団体は、同年3月14日にファミサポ事業を所管している厚生労働省と内閣府に「ファミリー・サポート・センター事業の安全な実施についての申し入れ書」を提出のうえ、担当者との懇談を行いました。

　ここでは、申し入れ事項と懇談内容を中心に、ファミリー・サポート・センター（以下、ファミサポ）事業の課題について述べることとします。（懇談に対応したのは、厚生労働省 雇用均等・児童家庭局 職業両立課・保育課、内閣府 子ども・子育て本部です。）

（1）援助会員登録講習カリキュラムの統一化と受講義務化

　厚生労働省が定めている「子育て援助活動支援事業（ファミリー・サポート・センター事業）実施要綱」[1]（以下「実施要綱」）では、ファミサポ事業を実施する自治体もしくは委託運営者は事業内容として「会員に対して相互援助に必要な知識を付与する講習会の開催」（実施要綱3（1）①ウ）が必須であるとしています。しかし、「援助を行う会員への講習の実施」（実施要綱3（1）④ケ）には「預かり中の子どもの安全対策等のため、参考として以下に示す項目、時間を概ね満たした講習を実施し、これを修了した会員が活動を行うことが望ましい。」と、実施要綱にモデルを示してはいるものの、統一したカリキュラム（時間数や内容）はなく、実施する自治体によって講習内容が大きく異なっているのが実態です。そして、援助会員が活動する前の講習受講も「望ましい」レベルであり義務とはなっていません。

　講習の実態については、女性労働協会の実態調査をもとに第2章2で明らかにされていますが、これら実態は、厚生労働省が毎年発行しているファミサポのパンフレットにある「援助会員は必要な講習を受けている」との記述

にも反するものになっています。

　また、八尾ファミサポ事故裁判においては、委託運営者の八尾市社会福祉協議会（以下、社協）が「平成17年5月実施の講習会において、若干ではあるが「SIDSとうつぶせ寝」に関する知識を被告Aを含む当時の講習会出席者に提供している。」と主張しているものの、援助会員被告Aは「本件事故までに、うつぶせ寝にして危ないと感じたようなこともなければ、うつぶせ寝にしてはいけないという指導を受けたこともなかった。」と主張しており、安全管理のための講習が確実に行われていたか不確かな状況です。

　ファミサポ事業では援助会員となるための条件が特に定められていない一方で、乳幼児の預かりも可能である制度です。事故を防ぎ、子どもの発達や特性に応じたサポートが実施されるためにも、一定の講習の受講を援助会員登録の必須条件とするべきです。

　また、事故発生リスクの高い低年齢児（0歳児、1歳児）の預かりを行うものについては、それに加えた講習カリキュラムの受講を義務付ける必要があると考えます。

要望項目1

援助会員（預かりを行う会員）の登録の際に行う講習（養成講座）のカリキュラムを国として制定し、受講を義務付けてください。また、乳児の預かりを行う者には乳児保育に特化した講習を別に定めてください。

懇談時の国からのコメント

特に1歳未満の低年齢児の預かりについては、国が示しているカリキュラムの安全事項へのプラスアルファを検討したい。

（2）緊急救命講習の定期的受講

　八尾ファミサポ事故では、心肺停止の状態に陥った子どもに対し、援助会

員は適切な救急救命措置(胸骨圧迫)を行うことができませんでした。しかも、裁判では社協が「平成17年5月24日の講習会において、参加した被告Aに対し、救命・救急についての講習を実施している。」と主張しているものの、援助会員被告Aは「人工呼吸の方法について、乳児にあっては口対口鼻人工呼吸が望ましいとされているが、被告Aは一般の口対口人工呼吸を習った記憶に従い(乳児の人工呼吸法を習った記憶はなかった。)、これを実施した。」と主張しており、ここでも安全管理のための講習が不確かな状況です。

このため、援助会員には、万が一の事故や病気の際にも対応ができるよう、定期的な緊急救命講習の受講を義務付けることが必要です。講習を一度受けた程度では実際の緊急時に対応することは難しく、繰り返し受講することが重要です。また、緊急救命の方法論は年々刷新されるため、知識や技能を最新の状態にしておくことも必要です。さらに救急に関する講習を受けることで、子どもの命を預かっているという意識の向上にもつながることが期待されます。

要望項目2
救命救急講習については、援助会員登録時に必ず受講させるとともに、最低でも年に1回の受講を義務付けてください。

▼

懇談時の国からのコメント
緊急救命講習については、講習の中で必須にできないか今後検討していきたい。登録時だけでなく会員として活動してからの定期的なフォローアップ研修も自治体に求めていきたい。(懇談後の2017年4月の実施要綱三次改正において、実施要綱3④ケに「(緊急救命講習については必ず実施すること。)」が追加されています。第2章2(3)参照)

（3）低年齢児の預かりでの安全性確保措置

　保育中の重大事故で一番多いのは低年齢児（0歳児、1歳児）です。また、乳幼児はその発達段階からケガや事故のリスクも高く、預かりには特に注意が必要です。ファミサポ事業の活動には保育士資格は必須ではないため、安全性を高めて援助会員側も安心して活動できる仕組みが必要です。

　ファミサポ事業は原則援助会員の自宅での預かり（実施要綱3（1）④カ）となり、必ずしも乳幼児にとって安全で適切な環境が保障されているとは限りません。また、重大な事故やケガが起こった場合、子どもはきちんと説明することができず、密室での預かりで何が起こったのかが見えにくくなってしまうという問題があります。八尾ファミサポ事故では、援助会員の女性の説明が一貫せず、不審な点があったにもかかわらず、ついに真実がすべて語られることはありませんでした。さらに、裁判において明らかになったことでは、わずか1時間の預かりの最中にテレビがつけられたままであったり、トイレに行っている実態があります。自宅で一人での預かりだからこそ気が緩むこともあるのではないかと考えます。

　以上のことからも、事故のリスクを回避し、安全な預かりが保障されるためにも、低年齢児の預かりについては、特別な安全措置を講じる必要があります。例えば、先述の実態調査においても、援助会員の自宅以外の預かり場所について、「依頼会員の自宅」に次いで「子育て支援センター」「児童館」など公共スペースでの預かりが行われている実態があることから「原則専門施設での預かりにする」、もしくは「有資格者または複数での対応とする」等の対応が有効と考えられます。

> **要望項目3**
>
> 事故発生率の高い低年齢児については、原則専門施設での預かりにする・有資格者または複数での対応とする等、安全性を高める策を講じてください。

> **懇談時の国からのコメント**

保育所等の専門施設で行う「一時預かり」事業とは違い、ファミサポ事業については施設の運営時間前後の預かりや送迎含めた預かりを担うことが基本であり、「一時預かり」的な利用は主として考えていない。しかし、現状ではそのような預かりもあるので、通常の預かりよりも1歳未満は配慮が必要であり、安全性の確保について今後高めるよう検討したい。

（4）当事者間契約の見直し

　ファミサポ事業は国と自治体の事業であるからこそ、利用者も信頼して活用しています。講習の実施や預かりの調整を行う自治体や委託運営者が、万が一の事故の際に関与せず、当事者間解決が迫られるような制度では、依頼会員も援助会員も安心して活動ができません。また、活動は会員間の契約であるという形態の周知も十分とは言えません。例えば、八尾市では、事故が起こった翌年の2011年度に「やおファミリー・サポート・センター会則」が変更され、活動は会員間の契約であること、事故があった場合には当事者間で解決すること、の2点が追記されることとなりました。これは、以前の会則では変更点が明らかでないことから事故を受けて変更が行われたものです。

　そして、いざ事故が起こり裁判となれば、行政側は会員同士の自由意思による契約なので、行政側には一切責任はないとし、講習開催の義務もないとの態度になることが、次に示す八尾ファミサポ裁判の被告側主張よりわかります。

《実施主体である八尾市の主張の一部》
- ファミサポ事業は、乳幼児や小学生等の児童を有する子育て中の労働者や主婦等を会員として、児童の預かりの援助を受けることを希望する者と当該援助を行うことを希望する者との相互援助活動に関する連絡、調

整を行うもの。
- 会員の自発的な意思によって決められる。（会員間の準委任契約）

《八尾市から委託されている社協の主張の一部》
- 預ける側の依頼会員は、自らの判断・責任で預かる側の援助会員の知識・能力を認識・信頼し、自分の子どもを預けるか否かを決定し、一方、預かる援助会員も、自らの判断・責任で知識・能力を取得し、預ける側の依頼会員の期待に応えて他人の子どもを預かるか否かを決定することが前提。
- このため、ファミサポ事業の実施者が援助会員に講習を実施する趣旨は、あくまでも、援助会員が準委任契約の契約当事者として自らの準委任事務（子どもの預かり）を遂行するに際しての支援に過ぎない。
- ファミサポ事業は、依頼会員に対し、一定の知識・能力をもつ援助会員を派遣する制度ではない（そのような制度設計になっていない）ため、事業実施者に「援助会員がうつぶせ寝を回避する知識を保有していることを保証」する義務はない。（子どもを預かる側に一定の知識・能力の具備を制度的に保証しているのは保育園〈認可保育園や補助金を受給している無認可保育園〉や保育士資格制度である。）
- 事業実施要領や会則には、社協がファミサポ事業として「会員が相互援助活動に必要な基礎知識を習得するための講習会、研修会等の開催を実施する」と定められているが、これは社協が行う業務を記載しているだけで、その定めが直ちに不法行為における注意義務の内容になる（命令規範性を持つ＝違反すれば不法行為になる）との根拠はない。そのため、社協には本件知識を含む講習会を開催する義務はない。
- 援助回数と講習会受講状況に鑑み、社協が、さつきちゃんを預かる援助会員として被告Ａが不適格者であったと評価するのは困難である。

これが、ファミサポ事業制度の実態であることを誰が想像できるでしょうか。

契約の問題については、田村智子参議院議員が行った「ファミリー・サポート・センター事業の安全性確保に関する質問主意書」[2]においても問題にされています。質問主意六の「ファミリー・サポート・センターが法的な監督権限を有せず事業が行われているのは問題と考えないか。何らかの関与の仕組みを設けるべきではないか。」との質問に対し、政府は「会員の自発的な意思に基づく相互援助活動を支援するという事業の性格に鑑み、実施主体が会員に対して、御指摘の「法的な監督権限」により関与する仕組みを設けるかどうかについては、慎重な検討を要するものと考えている。」と答弁しています。しかし、現時点においても検討状況は明らかになっていません。

　会員の自発的な相互援助活動と言っても、現実的には八尾ファミサポ事故のようにリスクの高い低年齢児の預かりがされている実態のままで本当によいのか、よく考える必要があると思います。

　事故の際の自治体の適切な対応については実施要綱（4（2））や通知[3]等で国から依頼がされているところですが、それらに実効性をもたせるためにも契約の形態を変更し、事業の実施者が契約の主体となるよう、いま一度、自治体の関与のあり方を検討することが必要です。

要望項目4

利用における契約は会員間ではなく、事業実施者と依頼者の契約とし、万一の事故の際にも事業実施者が責任をもって対応できる形にしてください。

懇談時の国からのコメント

ファミサポ事業は、援助を受けたい方と援助したい方の「相互援助活動」が基本であり、ボランティアとしての地域での助け合いであることから、事業実施者と依頼者の契約にするとなると事業として抜本的に見直すこととなり、現場の混乱等考えますと早急に仕組みを大きく変えるのは難しいと考えている。ただし安全性の確保は重要と考えているので、今後も対策は実施していきたい。

（5）認可外保育施設と同様の定期的な指導・監査

　児童福祉法第59条の2では、保育を目的とした施設で認可を受けていないもの（認可外保育施設）に都道府県知事等への届出を義務化しており、従来は乳幼児6人以上預かる場合に届出が必要だったものが、2016年4月からは5人以下の認可外保育施設も一部特例を除き届出が必要となりました。[4]（一部特例は、親族間の預かりや臨時施設などで児童福祉法施行規則第49条の2第1項第1号に列挙されています。）

　厚生労働省が示している「認可外保育施設指導監督の指針」によれば、「届出制の意義」について「行政が認可外保育施設の把握を効率的に行い、指導監督の徹底を図るとともに、利用者に施設の情報を適正に伝え、利用者の適切な施設選択を担保することで、利用者の施設選択を通じた悪質な認可外保育施設の排除を図る。」と記載されており、届出施設については年1回の指導監査が行われることになっています。

　ファミサポ事業の「預かる子どもの人数」については、実施要綱3（1）④キで「一度に預かることができる子どもの人数は援助を行う会員1人につき、原則として1人とする。なお、やむを得ず複数の子どもを預かる場合には、援助を行う会員の経験や子どもの年齢等を考慮し、安全面に十分配慮すること。」とされています。このため、実質的に無資格者による複数児の預かりが可能な形態になっています。この点からすれば、ファミサポ事業についても2016年4月以降に認可外保育施設としての届出が行われるものと思っていたものの、届出対応は行われていません。

　届出対象外となる特例条件の一つには「親族に準ずる密接な人的関係を有する者」があります。厚生労働省の通知[5]において「「密接な人的関係を有する者」とは利用乳幼児の保護者と親しい友人や隣人等を意味するところであるが、広く一般に利用者の募集を行うなど、不特定多数を対象に業として保育を行っている者が、たまたま親しい知人や隣人の子どもを預かる場合は届出の対象となること」とされており、初めて会う会員同士のケースもある

ファミサポ事業がこれに該当するとは思えません。

　ファミサポ事業は、現状この届け出制の対象にはなっていないようですが、要望項目1で述べたように登録時の講習などを統一していない状況で、どこまで質を担保し、悪質なものを排除できるかについては疑問です。

　定期的な指導・監査を受けて安全性を高めるためにも、ファミサポ事業を認可外保育施設と同様に届け出の対象とすることが必要です。

要望項目5

ファミサポ事業で複数児の預かりも認められている状況を鑑み、認可外保育施設と同様に届出と定期的な指導・監査の対象としてください。

懇談時の国からのコメント

厚労省の立場としては、援助する者1人に対し子ども1人が原則で、複数の預かりは兄弟姉妹の預かりというようなものに限定しており、複数の預かりは積極的にはすすめておらず例外的なもの。次に、認可外保育施設と同様の定期的指導・監督については、地域の助け合いをベースにしているので、預かりだけでなく送迎やいろいろなニーズに細かく対応しているところであり、安全性を高める事はきちんとしていくが指導・監督ということになれば機能的対応ができなくなるということもあることから、なかなか認可外保育施設と同様の定期的な指導・監督の対象にするのは難しいと考えている。さらに、「密接な人的関係」の範囲を示すのは困難であるが、ファミサポ事業はベビーシッターのように知らない人に頼むのではなく、マッチングにより「密接な人的関係」があるというのが建前である。会員登録していることから届出と実質的にも差はない。大切なのは研修がしっかりできているかで、フォローアップがまず重要であると考える。たしかに全ての自治体で十分な研修がされているわけでもないので、今回の事故を重く受け止め、研修をしっかり行うよう言っていきたい。

（6）公的無過失保険への加入

　ファミサポ事業の保険については、実施要綱3（1）④オには「会員が行う相互援助活動中の子どもの事故に備え、補償保険に加入するものとする。」とあるのみで、その補償内容について定めはありません。実際に、自治体によって加入している保険はそれぞれ異なり、補償内容にも差があります。

　保育や預かりにおいて重大事故があった場合、民間の賠償責任保険では事業者の過失が死亡や障害を引き起こしたと認められなければ補償はありません（外来の事故であることが明らかであれば、傷害保険が適用される場合があります）。八尾の事故においても同様であり、責任回避を意識した援助会員もしくは保険会社からの指示により、事故の詳細が明らかにされない状態で援助会員は面会を拒絶し、その後は保険会社からの弁護士が代理人となり、子どもの保護者に法的対応を求めるといったことが実際に起こっています。藤井夫妻は事故から3年後にやむなく提訴し、3年以上の年月をかけて争った結果、やっと援助会員から子どもへの直接の謝罪を得られることとなり和解することができました。

　一方、保育・教育施設を対象とした公的な保険である独立行政法人日本スポーツ振興センターの災害共済給付制度では、保育者や施設の過失の有無にかかわらず一定の補償があります。無過失補償であることで、責任回避のための虚偽報告や隠ぺいが行われるリスクは下がり、双方の当事者が救済される仕組みになっています。このことは、次の要望項目7で述べる検証制度の実効性を高めるためにも役立ちます。

　ファミサポ事業は子ども・子育て支援新制度の中に位置づけられる国と自治体による事業であることからも、民間保険ではなく、公的な保険への加入義務付けによる対応が必要です。

要望項目6

保険については、事業実施者によって補償内容が異なる民間保険ではなく、

独立行政法人日本スポーツ振興センターの災害共済の加入を義務付けてください。

▼

懇談時の国からのコメント
災害共済給付について詳しくは存じ上げていないが、施設の保険が基本となっているようであり、ファミサポ事業にはなじまないように思う。

(7) 事業の特性に応じた事故検証

八尾での事故当時、保育事故の検証制度はなく、藤井夫妻は市への直接の訴えや請願などの方法で事故の調査を求めましたが、叶えられませんでした。

保育事故の検証制度は再発防止を目的に2016年度に始まりました。ファミサポ事業も含めた認可外施設での事故は都道府県や政令市などが、認可施設の事故は市区町村が、保育や医療の専門家ら第三者による検証委員会を設置して検討することになっています。

制度ができた以上、これからファミサポ事業で万が一の事故が起こった際には通知に則った検証が行われ、再発防止に役立てられることが期待されます。ただし、その際に注意すべきはファミサポ事業における預かりの特性です。資格をもたない個人が自宅で預かりを行うという形態での事故では、初動調査でどれだけ正確な状況把握ができるかが検証を進める上で大変重要です。例えば、援助会員に報告を求めるにしても自治体側にその権限の法的根拠等がなければ、把握できる内容も限られてきます。このようなことに留意され、有効な検証が行われるための初期対応のあり方をあらかじめ国レベルで検討・整備する必要があると考えます。

要望項目7
万が一の重大事故の際は、「教育・保育施設等における重大事故の再発防止の

ための事後的な検証について」（2016年3月31日）の通知[6]に基づいた検証が有効に行えるよう、ファミサポ事業の特性に応じた初期対応のあり方を制定してください。

懇談時の国からのコメント
ファミサポ事業についても検証の対象となるようにしている。

（8）事故情報集約と共有化

　ファミサポ事業は各地で行われている事業であり、活動は個人単位で相当な預かり実施数があるため、情報の収集と共有のシステムを整備しておくことは事故防止の観点から重要です。不注意による、防ぐことのできた事故の特徴や傾向を把握することで、ファミサポ事業に特化した事故防止の啓発を行い、講習に役立てることもできます。

　既に各地のファミサポ事業でヒヤリ・ハット事例の集約などの取り組みが行われていることは一般財団法人女性労働協会からも報告されているところですが、女性労働協会のネットワークに加盟していない多くのファミサポ事業も適切に情報が活用できるよう、事故事例の集約の仕組みとデータベース化の整備が国レベルで必要です。

要望項目8
保険が適用された事故の報告内容ならびに重大事故の検証結果をとりまとめて共有・周知するなど、事故防止にむけた情報共有の仕組みを整備してください。

懇談時の国からのコメント
重大事故になる前の細かいところ含め収集したものについては自治体に通知していきたい。

（9）入園予約制での活用

　2017年度から国の施策の一つとして、育児休業終了後の「入園予約制」の導入支援として、育児休業明けから翌4月の保育園入園までの期間について、一時預かりやファミサポ事業などの代替サービスの利用料の支援が実施されています。これについて次のような問題があると考えています。

　一時預かり事業は保育所などの専門施設における乳幼児の預かりが基本とされており、預かりを行う者も保育士等による複数対応が基本とされています。一方、ファミサポ事業は専用施設ではない自宅が基本で、預かりを行う者に保育士の資格は必要とされず、単独対応となっています。これらを同等のもののように位置づけることにまず疑問を感じます。

　さらに、要望項目1で述べたように統一した研修実施や受講義務が課されていない現状では、その質を個人の資質や能力に頼るところが大きく、安全管理の面からも不安があるため、保育の代替として長時間・常態的に利用することは現実的ではありません。

　以上のことを前提とし、それでもこういった形でファミサポ事業の活用を促進するというのであれば、各要望項目についての改善はもとより、一時預かりと同等の質が保障されるような制度に抜本的に改善していく必要があると考えます。

要望項目9

今後「入園予約制」の導入に伴いファミサポ事業を保育の代替という形で位置づけて利用料支援などで事業の活用を推進するのであれば、少なくとも「一時預かり」と同程度の質が確保されるように運営のあり方を整備・検討してください。

懇談時の国からのコメント

ファミサポ事業は地域の助け合いを目的としており「保育の代替」とは考え

ていない。そのため「入園予約制」でのファミサポ事業の利用は、あくまでも緊急的・一時的なものと考えており、恒常的とは考えていない。ただし、安全性をおろそかにしていいということではなく、安全性の向上に努めていきたい。

　今回の問題提起は大変な裁判をたたかってきたうえでのものであり、ファミサポ事業を行っている国と自治体の関係者には重く受け止めていただき、二度と悲しいことを起こさない対策のために役立てていただければ幸いです。

【注】
1 『子育て援助活動支援事業（ファミリー・サポート・センター事業）の実施について』（2017年4月3日　三次改正 雇児発0403第31号）
http://www.mhlw.go.jp/file/06-Seisakujouhou-11900000 Koyoukintoujidoukateikyoku/0000160891.pdf
2 『参議院　質問主意書　第179回国会（臨時会）　提出番号61』（提出日2011年12月9日　答弁書受領日2011年12月20日）
http://www.sangiin.go.jp/japanese/joho1/kousei/syuisyo/179/meisai/m179061.htm
3 『子育て援助活動支援事業（ファミリー・サポート・センター事業）における事故の報告等について』（2015年3月27日　雇児職発0327第1号通知）
http://www.cao.go.jp/consumer/iinkai/2015/195/doc/20150623_shiryou2_2_1betu4.pdf
4 『児童福祉法施行規則の一部を改正する省令』（2015年12月16日　厚生労働省令第171号）
http://www.city.kashiwara.osaka.jp/_files/00102988/171jidofukushihosekokisoku_ichibukaisei_shorei.pdf
5 『「児童福祉法施行規則の一部を改正する省令」の公布について（通知）』（2015年12月16日　雇児発1216第2号）
http://www.city.kashiwara.osaka.jp/_files/00102971/271216jidofukushihosekokisoku_ichibukaisei_koroshotsuchi.pdf
6 『教育・保育施設等における重大事故の再発防止のための事後的な検証について』（2016年3月31日　府子本第191号他）
http://www.mhlw.go.jp/file/06-Seisakujouhou-11900000 Koyoukintoujidoukateikyoku/0000125860.pdf

ファミサポにも公的な
災害共済給付制度の適用を！
公的無過失保険の適用範囲拡大と加入の重要性

弁護士・一般社団法人子ども安全計画研究所　寺町東子

　子どもを預かる「学校」では、日常的に怪我や病気が起こり、その結果として障害や死亡に至ることがあります。これらの怪我・病気・障害・死亡を「災害」と捉え、学校の責任の有無にかかわらず、一定の給付（医療費、障害見舞金、死亡見舞金）をする公的な保険制度が、独立行政法人日本スポーツ振興センターの災害共済給付制度です。

　もともとは、義務教育諸学校等における学校の管理下の児童生徒等の災害に関して必要な災害共済給付を行うとともに、学校安全の普及・充実を図り、学校教育の円滑な実施に資することを目的として、「日本学校安全会」が設立され、災害共済給付制度が昭和35年4月にスタートしました。そして、発足当初から、学校教育法第1条の「学校」に幼稚園が含まれることから、同じく未就学児が通う認可保育所も、災害共済給付制度の対象とされていました。

　しかし、未就学児の保育中の死亡や意識障害を生ずるような重大事故は、認可保育所よりも圧倒的に、公的な枠組みの外にある認可外保育施設や一時預かりで起こっています。保育中の事故の多くが、被害救済の場面でも公的な災害共済給付制度の枠外に置かれてきたのです。保育施設で子どもを亡くした遺族の集まりである「赤ちゃんの急死を考える会」は、1995年の発足の頃から、公的な災害共済給付制度を認可外保育施設や一時預かりにも適用拡大するように求めてきましたが、国は、事故率が高い認可外保育施設等を対象に入れると、認可施設と同じ保険料率では成り立たないとして、拒否してきました。しかし、公的な保険に入れられないほど、重大事故の発生率が高い認可外保育施設等で、子どもの命を預かる事業が認められているというのは、どういう矛盾でしょうか。そんなに危険だというなら、子どもの命を預かることを禁止しなければならないのではないでしょうか。

　上記のような批判を受けて、2015年4

月からスタートした「子ども・子育て支援新制度」の枠組みに入った従来の認可外施設等については、災害共済給付制度の適用が拡大されました。具体的には、4種類の認定こども園(幼稚園型、保育園型、幼保連携型、地方裁量型)、家庭的保育事業、小規模保育事業、事業所内保育事業が新たに対象となりました。地方裁量型認定こども園は各自治体が設置要件を定めており、従来の認可外保育施設が軒並み横滑りで移行しました。また、家庭的保育事業はいわゆる「保育ママ」であり、無資格者によるベビーシッターやファミリーサポートと質的に異なりません。小規模保育事業のC型は、保育士資格のない保育者が1人で3人までの3歳未満児を預かれますので、やはり質的には認可外保育施設と変わりません。

赤ちゃんの急死を考える会では、認可外保育施設や一時預かり事業を含むすべての保育施設・事業にも災害共済給付制度を適用拡大することを求めて、2016年度に署名活動を行いました。2万8000人を超える方々の賛同を得て、国会議員に働きかけをしました。その結果、2017年3月31日、独立行政法人日本スポーツ振興センター法を改正し、一定の基準を満たす認可外保育施設(保育士有資格者が60%以上など)及び企業主導型保育施設にも適用が拡大されました。

しかし、認可外保育施設指導監督基準(3分の1以上が保育士有資格者など)を満たすけれども災害共済制度適用のための「一定の基準」を満たさないグレーゾーンの施設、ファミリーサポート事業による一時預かり、ベビーシッターなど、業務として他人の子どもを預かるにも関わらず、適用対象とならない類型が残っています。既に、子ども・子育て支援新制度によって適用対象となっている類型との衡平を考えても、おかしなことです。

2017年3月の法改正の際には、衆議院文部科学委員会において「居宅訪問型保育事業、子育て援助活動支援事業、一時預かり事業、放課後児童健全育成事業を行う施設等についても、加入対象となるよう、引き続き検討を行う」「認可外保育施設指導監督基準を満たしている施設についても、加入対象となるよう、引き続き検討を行うこと」などを内容とする付帯決議がなされました。引き続き、すべての保育に公的な災害共済給付が適用されるよう、働きかけが必要です。

子どもの発達と保育事故
——預かり中の事故を防ぐために

京都府立大学公共政策学部　服部敬子

はじめに

　子どもたちは生まれて間もなくから、周りの環境にはたらきかけ、手応えを感じ、共感を求め、自由に遊べるよろこびとともに成長していきます。まだまだ…と思っているうちに、「そんなことをするなんて！」と驚かされることもしばしばです。「ダメよ」と言われることほど興味をもったり、「危ないとわかっているはず」のことをわざとしたりすることもあります。発達上のエネルギーを十分かつ安全に発揮できるような環境づくりが求められます。

　ここでは、子どもの身体、運動機能や手指の操作、思考面での発達過程を追いながら、そのときどきの子どもたちが「やりたい」と思う行動がはらむリスクについて考えます。そして、これまでの重大事故の教訓に学びながら、子どもが安全に楽しく保育者と過ごせるように配慮すべきことをまとめます。

（1）保育施設における事故のリスク

　厚生労働省の発表による保育施設における事故報告集計をもとに、2009年から2014年の保育施設での死亡事案を分析した小保内らの研究（2017）によれば、0歳児における保育施設でのSUDI（予期せぬ乳幼児の突然死）発症率は、年によってばらつきはあるものの、全国の（一般家庭における）発生率に比べて0.35～0.55倍と少なめでした。一方、1・2歳児では保育施設での発生率が全国の発生率よりも約1.25倍～2.45倍と高いことがわかりました。

　2013年から2017年までの5年間の事故報告件数を、施設種別（認可／認可外）で年齢ごとに集計し、「死亡」「（重篤）負傷」別に示したのが図1です。死亡事故は認可外施設の0・1歳児でとくに多く、重篤な負傷事故（当時、

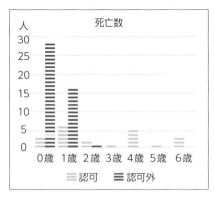
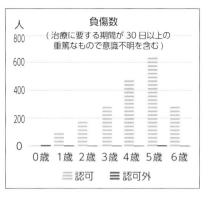

図1 保育施設等での年齢別事故報告件数：2013～2017年合計
厚生労働省「保育施設における事故報告集計」、内閣府「教育・保育施設等における事故報告集計」資料にもとづき、筆者作成。この集計における2014年までの「認可施設」は「認可保育所」のみで、幼稚園、認定こども園、小規模保育事業等は含まれていない。2017年11月10日付の児童福祉法施行規則一部改正まで、認可外保育施設には事故報告の義務が課されていなかった。

認可外施設には報告義務なし）は入所児数の増加と同じく年齢とともに多くなっていることがわかります。保育施設における死亡事故の発生状況の内訳（図2）をみると、睡眠中の死亡事故が7割強を占めていることがわかります。

保育施設では、子どもたちが集団で生活しているため、一人ひとりの子どもに目配りがしにくい状況や、子ども同士の関係から生じる事故が発生しやすいと考えられます。現在の日本の保育士配置（最低基準）は、0歳児が3：1（概ね3人に保育士1人）であるのに対して、1・2歳児は6：1となっており、オムツ替えやトラブルの仲裁など個別対応が必要な事態が同時に発生した場合、現状の体制では対応しきれないと言わざるを得ません。行動範囲が広がり好奇心がますます旺盛になっていく子どもたちの安全を確

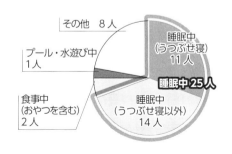

図2 保育施設における死亡事故発生時の状況内訳
内閣府「教育・保育施設等における事故報告集計」資料にもとづき、筆者作成。2015～2017年の3年間の合計。

4 子どもの発達と保育事故　129

保するためにはきわめて高い専門性と工夫が求められます。

　保育施設における事故のリスクは、①子どものもつリスク、②保育者のもつリスク、③施設・設備のもつリスクの3つから考えることができます。

　保育者のもつリスクとしては、子どもの発達上の特性や性格にかかわる知識や情報、その理解不足によるもの、リスクマネジメントについての知識不足、理解と対応能力の不十分さなどがあり、施設や設備自体の構造上のリスクとしては保育スペース、設置されているもの、遊具の構造にかかわるもの、管理・点検の不備に起因するものがあります。

　上記①～③の面からそれぞれのリスクをできる限り低くすることが必要です。そこで、子どもの発達のみちすじを追いながら、生起しやすい事故と予防の観点を次にまとめます。

（2）子どもの発達過程で生じるリスクとその予防、対策

①乳児期前半（生後～6か月ごろ）

　生後3か月ごろまでの赤ちゃんの基本姿勢は仰向けで、自分から移動したりモノを掴みにいくことはまだできません。排気ができず意識を失った事例がありますので、授乳後は必ず上体を起こして軽くトントンしてゲップをさせます。3か月をすぎて、仰向けで足をよくあげるようになると、いつ寝返ってもおかしくないので、ベッドの柵を毎回あげておくことを忘れないようにしましょう。

　生後6か月ごろまでの乳児期前半にもっとも危険なのは、さつきちゃんの命を奪うことになった「うつぶせ姿勢での放置」です。ただし、「機嫌がよく目覚めているとき（授乳直後を除く）に、大人の見守りのもとで、うつ伏せ姿勢をとらせる時間」（タミータイム）は、身体運動機能の発達面や頭蓋変形を予防する上で重要です。この両者をしっかり区別してご理解ください。ここで、日本でうつぶせ寝が流行した歴史的な背景と、「危険」である理由、安全な睡眠環境について整理しておきます。

● うつぶせ寝が流行した歴史的な背景

　1940年代からヨーロッパでは保育の専門家によって、乳児が嘔吐した時に窒息するのを防ぐ方法として「うつぶせ寝」が推進され、この流行期と一致して乳幼児突然死症候群（以下、SIDS：Sudden Infant Death Syndrome）とみられる死亡が増加していました。第二次世界大戦中の1944年に、アメリカのアブラムソン医師は、1939年1月から1943年12月の間に「鼻や口が何かで塞がれることによる窒息」（Accidental mechanical suffocation　※誤嚥による窒息を除く）によって亡くなった139名の乳児の事例史記録を分析し、年々増加していること、これらの死亡事例のうち72％が生後2か月から5か月（多いのは2〜3か月期）に起きていること、厚着になる冬場に多いこと、"Face-Down"（顔を真下に向けた状態）かうつ伏せ姿勢で発見された乳児が全体の68％を占めていることを見出しました。

　当時、母親や看護師は、うつぶせ寝のほうが「乳児はより快適で容易に入眠しやすい」と信じ、「頭の形が扁平になったり非対称になったりするのを防ぐため」という理由でうつ伏せ姿勢で寝かせることが推奨されていたそうです。アブラムソンは、発達診断学を構築したゲゼルらの研究をもとに、「生後6か月未満の乳児がうつ伏せに置かれたときに頭とあごを上げる動きは、鼻や口をふさぎ続けるマットレスの表面を避けるほどに、持続や強さが十分でないため、乳児をうつ伏せ姿勢に置くことは一貫した付き添いのある状況以外は避けられるべきである」との問題提起を行いました。しかし、1980年代までその考えは広く受け入れられず、保育マニュアルではうつぶせ寝がまだ推奨され続けていました。

　乳児をうつ伏せで寝かせないように推奨した最初の国はオランダです（Mackenbach, 2013）。政府がうつぶせ寝を推奨しはじめた時期とオランダにおけるSIDS事故の増加との関連を指摘したヨンゲ教授らの研究報告（1989年）を受けて、うつぶせ寝をさせる保護者が激減し、SIDS事故が40％減少しました。

● 日本での取り組み

　こうした動向を受けて日本でもうつぶせ寝が流行していましたが、「SIDS家族の会」は1996年初頭からうつぶせ寝の危険性を訴えるパンフレットの作成、配布を開始しました。当時の厚生省による「平成9年度 乳幼児死亡の防止に関する研究」で初めて全国規模の実態調査が行われ、837例のSIDS死亡症例と保健婦（現保健師）による聴き取り調査をもとに、「うつぶせ寝はあおむけ寝に比べて3倍もSIDS発症のリスクが高まる」との報告書が1998年にまとめるとともに、①うつぶせ寝は避ける、②喫煙をやめる、③できるだけ母乳で育てる、という3点を推奨するSIDS予防キャンペーンを開始しました。このような取り組みのなかで、1996年には526人だったSIDS死亡数がこの20年間で4分の1～5分の1に減少してきました（消費者庁，2016）。

　平成11年（1999年）に改訂された『保育所保育指針』では、「乳幼児突然死症候群（SIDS）の予防」という項が新たに設けられ、「この予防には、その危険要因をできるだけ少なくすることが重要であり、特に、寝返りのできない乳児を寝かせる場合には、仰向けに寝かす。また、睡眠中の子どもの顔色、呼吸の状態をきめ細かく観察するように心がける。」と記載されることになりました。平成20年（2008年）の改訂『保育所保育指針』では、SIDSに特化した直接的な記述がなくなりましたが、「特に、睡眠中、プール活動・遊び中、食事中等の場面では重大事故が発生しやすい」ことが記載されることになりました。同年発行の『保育所保育指針解説書』には、SIDSの定義と動向、リスク因子があげられ、「うつぶせ寝に放置することは避けなくてはなりません」、「うつ伏せにする際には、子どものそばを離れないようにし、離れる場合には、仰向けにするか、他の保育士等が見守る」こと、「特に入所初期の観察は十分に」行うことの重要性も明記されました。

● うつぶせ寝にされた場合のさまざまな危険性

　乳児をうつ伏せで寝かせると、血管運動の調子を下げ、喉頭化学反射と圧受容体反射を消失させる、心拍の圧反射感度を下げて睡眠時の低血圧事象に対する脆弱性を高める、低酸素化と二酸化炭素の蓄積が急激に生じて乳幼児

では短時間内に致死的段階へと陥りやすい、といった危険性があります。「うつぶせ寝にするとよく眠る」と言われてきましたが、実際、うつぶせ寝で乳児は目覚めにくくなることが明らかにされています。顔が真下向きになって眠っていると「再呼吸現象」（はき出した空気の拡散が不十分な時、再び高濃度のCO_2を含む空気を吸い込む。このような呼吸の状態が繰り返されて、結果的に高CO_2血症から酸素欠乏に陥る現象のこと）が起こりやすくなり、目覚めにくさとあいまって、窒息やSIDSを引き起こすことにつながります。

寝返りが自由にできるようになるまでの乳児では、目覚めて機嫌の良い状態であってもうつ伏せにすると3分くらいでface downの状態に陥り、その状態から回避することができません。3〜5か月児ではもがいて手指で敷布等をかき寄せるために大変危険な状態になります（服部・平沼・田中，2016、平沼・服部・田中，2016）。また、細菌が繁殖している場所（ソファー、使い古したマットレス、親のベッドなど）はSIDSのすべての危険因子であり、うつ伏せで寝かせると、これらの細菌を摂取・吸入が強化されて危険です（Goldwater, 2017）。

● 乳幼児の「安全な睡眠」に向けての近年の動向

1992年にアメリカ小児科学会（AAP）は、乳児睡眠は「うつ伏せ以外の姿勢で」（あおむけ寝又は側臥位寝を含む）との勧告を行いましたが、その後、「横向き寝」もまた危険であるという研究報告を受けて、1994年からは「Back to Sleep」（寝かせる時は仰向けで）キャンペーンを展開しました。この間にSIDSの発症率は40％減少し、2011年には、SIDS予防だけではなく「安全な睡眠環境（Safe to Sleep）」という観点から内容を拡大した勧告が行われました。

2015年10月に日本で実施された「教育・保育施設等の事故防止のためのガイドライン等に関するアンケート：事業者向け調査」（回収数：認可施設295、認可外施設83、無回答8）によれば、「0歳児クラスの子どもの入眠時の体位」は、「全員あおむけで」が44.0％、「その子に合わせる（うつぶせ寝で入眠する児には保育士がつく）」が32.6％でした。「0歳児がうつぶせ寝に

なった（なっている）時の対応」（熟睡時）として、「体ごとあおむけにする」が72.9％と最も多く、「顔が下向きの場合は顔を横に向ける」（28.0％）、「顔が横向きでじっとしているのであればそのままにしておく」（22.1％）、「体ごと横に向ける」（20.2％）と続き、「そのままにしておく」が2.5％でした。「午睡チェック（睡眠、呼吸）をしているか」については、0歳児の場合、「間隔を決めてチェックをしている」が65.8％、「間隔は決めていないが、チェックはいつもしている」が11.9％、「していない」は1.3％、「無回答」が18.9％でした。「間隔を決めてチェックしている」場合に、「5～10分未満」（33.4％）、「15～20分未満」（31.9％）、「10～15分未満」（24.8％）が多くを占めていました。

　自由記述を含めてこの調査結果をみると、過半数の事業所、保育者は「安全な睡眠」に関する知識をもって種々の対応が工夫されていることがわかります。しかし、一方で、うつぶせ寝状態で熟睡している時に「顔を横に向ける」「体ごと横に向ける」という対応がそれぞれ20～30％あり、「そのままにしておく」という回答も2.5％ありました。横向き寝の危険性を周知徹底するとともに、自分からうつぶせ寝になる1歳以上の子どもを一人ひとり仰向けにすることの労力の実態などを明らかにする必要があります。

　このアンケート結果を受けて、平成27年度教育・保育施設等の事故防止のためのガイドライン等に関する調査研究事業検討委員会（2016）が作成したガイドラインでは、「重大事故が発生しやすい場面ごとの注意事項」の第一に、「睡眠中」の「乳児の窒息リスクの除去」があげられています。「睡眠前及び睡眠中に行う」具体的な方法の重要ポイントとして、「医学的な理由で医師からうつぶせ寝をすすめられている場合以外は、乳児の顔が見える仰向けに寝かせる」、「やわらかい布団やぬいぐるみ等を使用しない」ことなど、AAPの拡大勧告内容をふまえたポイントが示されました。ここでは、SIDSのリスク因子としてだけではなく、窒息リスクとの関連で、うつぶせ寝や寝具類に関する注意事項があげられている点が新しく重要です。「子どもの数、職員の数に合わせ、定期的に子どもの呼吸・体位、睡眠状態を点検すること等により、呼吸停止等の異常が発生した場合の早期発見、重大事故の予防のための工夫をする」ことの重要性も明記されました。

しかし、このような注意勧告が強調され続けているにもかかわらず、「安全な睡眠環境」が保護者によって提供されていない現状があります。2016年に発表されたバトラらの研究によれば、家庭訪問をして夜間に乳児が眠る様子をビデオで記録したところ、各150名前後の1か月児、3か月児、6か月児のうち、21％、10％、12％（同順）が、推奨されない睡眠場所（大人のベッドやソファ、スウィングなど）で寝かされ、同14％、18％、33％が仰向けでない姿勢で寝かされていること、同91％、87％、93％が推奨されないアイテム（ゆるんだ寝具、枕、ぬいぐるみなど）を乳児が眠る場所に与えられていたそうです（図）。ほとんどの保護者が、記録されていることを知りながら、乳児たちをリスクの高い睡眠環境に置いていたというのです。

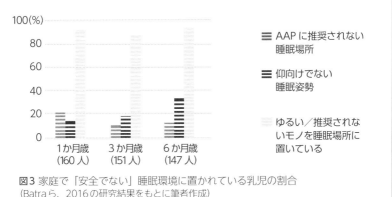

図3　家庭で「安全でない」睡眠環境に置かれている乳児の割合
（Batraら，2016の研究結果をもとに筆者作成）

　保護者とともに、乳児の「安全な睡眠環境」を保障していけるよう、多くの新しい研究成果を盛り込んでアメリカの小児科学会（AAP）が発表した声明（「SIDSおよびその他の睡眠関連幼児死亡：安全な乳児睡眠環境のための2016年更新勧告」）から抜粋して紹介しておきます。

- 1歳までは必ず仰向けで寝かせること。横向き寝も安全ではない。
  …乳児の頭部を高くしない。胃食道逆流を防ぐ効果はなく、乳児がベッドの下の方に滑り落ちて呼吸を損なう危険性がある。
  ※2016年には東京都と大阪府の認可外保育施設で1歳2か月の子どもが相次いでうつぶせ寝状態で死亡したことから、1歳児もうつ伏せて寝か

4　子どもの発達と保育事故

せるべきではないと考えます。
- 表面が固めの敷き寝具を使用すること。安全認可を受けたマットレスが望ましい。
  - …柔らかいマットレスは寝返ったときにくぼみを作り、再呼吸や窒息の可能性を高めることがある。枕、布団、掛け布団などの柔らかい材料や物は、シートで覆われていても、眠っている乳児の下に置かない（敷かない）こと。マットレスカバーを使用する場合は、たるまずにしっかりとフィットする薄いものにすること。
  - …ベビーカー、スイング、乳児用キャリアなど、座位器具は乳幼児の日常的な睡眠には適さない。窒息や気道閉塞を引き起こすリスクがあることを理解しておく。カーシートなどに無人で放置しない。スリングに入れた乳児の鼻や口が塞がれていないかを確認すること。
- 乳児は、親と同室で、親とは別の乳児用に設計されたベッドで寝かせることが望ましい。
  - …覆いかぶさりによる窒息を防ぐため、授乳や遊んだ後は乳児自身のベッドに戻すこと。
  - …ソファや肘掛け椅子で寝かせると、挟み込みなどによる死亡リスクが非常に高くなる。
- 乳児が眠る領域から、柔らかいものやゆるい寝具を遠ざけておく。
  - …枕、枕のようなおもちゃ、ゆるい寝具は乳児の鼻や口を閉塞することがある。
  - …バンパーパッド（ベッドの柵に取り付けるパッド。サイドガード）は、窒息や挟み込みの原因となっているため推奨されない。
- 乳児をあたため過ぎない。顔や頭を覆うことは避ける。
  - …乳児をあたため過ぎるとSIDSの危険が高まる。環境に合わせて適切に服装を調節する。
    大人がその環境で快適と感じる衣服状態か、それより多くても1枚重ねる程度で。
  - …乳児の発汗の様子や胸に触れてみて、あたため過ぎの徴候がないか調べる必要がある。

- この勧告と矛盾することをうたう市販の装置の使用を避ける。
  - …"SIDSのリスクを軽減する"と宣言されている種々の機器や寝具に注意する。こうした製品に依存して「安全な睡眠」勧告の内容が軽視されることがあってはならない。
- 大人の見守りのもとで、乳児が目覚めているときに、うつ伏せ姿勢の時間（タミータイム：tummy time）をとることは、発達を促し、姿勢による頭の扁平化を軽減するために推奨される。
- スォドリング（薄手のひざ掛け布類を乳児に巻きつけ／包み込む）の危険性に注意。
  - …乳児を沈静化させる方法としてよく用いられるが、必ず仰向けに置くこと。寝返ると死亡リスクが高いため、乳児が寝返りをするきざしがあればやるべき方法ではない。
- 医療従事者をはじめ、乳幼児を養護するすべての者は、安全な幼児睡眠に関する教育を受けるべきである。

②乳児期後半から幼児期後期まで

生後6か月以降に生じやすいリスクとその予防、対策について、発達過程でめばえる好奇心や思考・行動スタイルの特徴をもとにまとめます。

● 乳児期後半へ

移動、手指の操作面での自由が増大。探索意欲が旺盛になる。

	特徴	危険事項	留意点・対処方法
〜6か月ごろ	自分から姿勢を変えるようになる。	おすわりから後方転倒の危険性。	※わざわざ「座らせる」必要はない。ハイハイせずに「いざる」移動になってよくない。ただし、膝上で支え座りをさせて一緒に絵本などを見たり、対面で遊ぶことは大切。
	自分で手を伸ばしていろいろなモノをつかみ、口に入れられるようになる。	大人やきょうだい用の食べ物に手を伸ばして口に入れることもある。	手づかみ食べは重要だが注意。

4 子どもの発達と保育事故

	まだハイハイはできない。	同じ方向に寝返り続けてかなり移動することがある。	床面に危ないものが置いていないか点検しておく。
7〜8か月ごろ	人見知りが強まる。慣れない人や場所に対する不安が高まり、ぐずりが増える。		"人慣れしにくい""カンが強い"といった否定的なとらえ方をせず、受けとめてあげる。
9か月ごろ〜	ハイハイが上手になってくる。好きな人、頼れる人を「後追い」するようになる。		「後をついてきている」ことを想定して動線に注意を。
	親指と人さし指の機能が高まる。	小さいモノをつまみあげられるようになる。	誤嚥に注意！ 磁石、コイン形電池など。
	「見えなくなっても（そこに）ある」ことがわかるようになる。	引き出しを開けて探索するようになる。	届く高さを考えて、引き出しの中身に注意を。
10か月ごろ〜	歯が生えてくる。	詰め替え用洗剤の袋を噛みちぎった事例あり。	新品であっても決して放置しておかないこと。
	つかまり立ちをするようになる。	座卓上のモノがとれるようになる。	ストーブやヒーターには必ずガードを。電気ポットに注意。 歩行器は転倒時の危険性が高い。通常の場合、歩行獲得には不要なので使用しない。

● 幼児期前期

　歩行の獲得、生活上の道具への関心が高まる。何でも「遊び」にする。自我が誕生して、何でもジブンデやりたがる。無理にやらせようとすると抵抗する。

	特徴	危険事項	留意点・対処方法
1歳なかば〜	何かモノを持って歩くことが好き。		モノを口にくわえて歩いていないか注意。
	道具を使えるようになる。道具への関心が高まる。	台を運んでその上にのり、高い所のものを取ろうとする。台にのってベランダや窓をのりこえて転落する事故がある。	窓のそばやベランダに子どもが動かせる物がないかを確認。 子どもを一人にしておかない。
	歩くことがとにかくうれしい時期。	大人が目を離した隙にトコトコトコ…	絶対に目を離さない！　ひとりで「待っててね」は無理、と考えて。

身長が80cmになると食卓やキッチン台に手が届くことに注意。	グリルから魚を出して盛りつけている間に寄ってきて網を触り火傷をした事例あり。	1、2分待たせたい時には、「○ちゃんのイスに座ってね」など、具体的に伝える。
大型遊具への挑戦。	初回よりもむしろ、2回目、3回目は子どもの緊張感が薄れたり、違うやり方でやろうとしたりするので危ない。	毎回が「新しい挑戦」であると考えて支援する。
1歳児は「穴」への関心が高まるので、鼻や耳にモノを入れる、詰めることがある。自分からいろいろな「穴」に入ろうとする。		1歳児には大人の見守りのもとで「入れる」遊びを楽しませる。便器、洗濯機（特にドラム式）のフタ・扉は必ず閉めておくこと。※年長児では自分で開けることができるようになるので、危険性を十分に伝えておくこと。
	貼ってあった絆創膏をはがして口に入れて詰まらせた事例あり。	危険な大きさ（下記参照）、棒状のモノ（鉛筆、耳かき、体温計）は放置しないこと。ビー玉や鉛筆などは使うたびに出して渡す。収納場所に注意を。
ジブンデしたい気持ちが強くなり、抵抗する。	無理に着替えさせようとすると、肘内障を起こすことがある。無理に食べさせようとすると、泣いて怒り、食べ物をのどに詰まらせることがある。	気持ちを切り替えられるように、子どもが「今」やっていることをきちんと受け止めて声をかける。まずは自分でさせてみる。「できない」と納得すると「二番手の援助」は受け入れることが多い。
対のものを見比べて違いがわかるようになる。「～デハナクテ、～ダ」という選択をする。		「～はダメ！」と制止するだけでなく、「○○してね」と対のセットで教えるとよい。

※誤嚥・誤飲の危険性について

　以前から「トイレットペーパーの筒に入る大きさ（直径39mm）のモノ」は、子どもの口に入ってしまうので誤嚥・誤飲の危険があるという基準として周知されてきました。おおよその目安としては理解しやすいのですが、今は、直径45mmと32mmという2種類の危なさの基準に分けられています（保育の安全研究・教育センター　2015年8

月9日　http：//daycaresafety.org/topics_acc_ingestion.html)。「飲み込めないような大きさの物でも、喉の上のほうに詰まって窒息する可能性がある」ために、一方の数字が今までの39mmよりも大きい「45mm」になりました。喉ではなく上咽頭部（喉よりも手前の上の部分）に、球形ではないイチゴ型のモノが挟まって窒息死した事例もあります。市販されているプラスチックや木製のおままごと用具の中にも危険なものがあると考える方がよいでしょう。

日常の生活用品を誤飲して重大な事故につながった例として、イヤホンのパーツ（11か月児）、画びょう（7か月児）、キーホルダーの留め金（1歳1か月児）といった事例があります。また、水風船（ヨーヨー）による窒息（1歳11か月児）や、ボールペンのキャップ（3歳1か月児）による窒息事例もあります。

玩具等を口の中に入れていることを見つけた保護者が、「出しなさい!!」と大声で叱ったことで驚いて飲み込んでしまい亡くなった、という痛ましい事例もあります。危険なものを放置しておかないということを原則として、もし、口に入れていることを見つけた時には、驚かせることなく落ち着いた対応が求められます。まずは、手を差し出して、「べーっ」「あー」とはき出す口の形をして「出してね」と言うなどして出させる、無理な場合は背中を強く叩いて吐き出させるといった対応が必要となります。

● 幼児期中〜後期

身体能力、思考能力が高まり、挑戦したり試したりすることが好きになる。

	特徴	危険事項	留意点・対処方法
3歳ごろ	身辺自立がすすんで成長を感じる時期だが、見通しをもって行動することはまだ難しい。	目に入るものに心を奪われて動くことが多い。	路上では手をつないで離さないことが望ましい。歩道と車道の区別。信号の意味を教えていく。
	「待っていてね」で何もせずにじっと待っていられる時間はかなり短い。	家や車内から自分でドアを開けて出る。遠くまで人を探しに行く。	一人では待たさないこと。車内での放置も厳禁。
4、5歳ごろ〜	鉛筆削りやカッターなど、新しい道具への関心が高まり、使おうとする。	ビー玉やスーパーボールなどの誤嚥で亡くなった事例もある。	「禁止」ではなく「なぜ危ないのか」を考えさせて、使い方や遊び方を教える。
	難しいことに挑戦したり、おもしろがってふざけてやったりして大きなケガにつながる。	高い所から飛び降りる、すべり台の側面から降りる、鉄棒で手を離すなど。	

（3）乳幼児期を通して注意すべき重大事故のリスクポイント

睡眠中のリスクについては先に詳述しましたので、ここでは、a.食事にかかわるもの、b.溺水や熱中症にかかわるものに分けてまとめます。

a.食事にかかわるもの

●アレルギー、アナフィラキシーの危険

アレルゲンとなるものを食べ（飲む）たり、吸い込んだりした場合に、極めて短い時間のうちに全身性にアレルギー症状が出る反応のことをアナフィラキシーといいます。じんましん、赤み、かゆみなどの「皮膚の症状」。次にくしゃみ、せき、ぜいぜい、息苦しさなどの「呼吸器の症状」と、目のかゆみやむくみ、くちびるの腫れなどの「粘膜の症状」が多いです。そして腹痛や嘔吐などの「消化器の症状」、さらには、血圧低下など「循環器の症状」もみられます。これらの症状が複数の臓器にわたり全身性に急速にあらわれるのが、アナフィラキシーの特徴です。このアナフィラキシーによって、血圧の低下や意識障害などが引き起こされ、時には命にかかわる危険な状態になることもあります。こうした危険な状態をアナフィラキシーショックといいます。

子どもの体質やその日の体調について家庭から詳しい情報をいただくことが不可欠です。その上で、アレルゲンとなるものを除去するためには、その子ども自身の飲食物に注意することに加えて、周りの状況に対する細心の注意が必要です。目を離した隙に他の人のものや置いてあるものに手を出してしまった、離して置いてあった牛乳がこぼれてかかってしまった、落ちていたパンくず（小麦粉）をひろって口にしてしまった、といった事例があります。

●誤嚥による窒息の危険

1）窒息事故を招く食品の要因

　臼歯（奥歯）がまだ生えていない乳幼児では、食べ物をかんですりつぶすことができないため窒息が起こりやすいと考えられています。食品がもつ性質として、食品表面の滑らかさ、弾力性、堅さ、噛み切りにくいといった触感や、大きさ、形状などが窒息事故に関連すると推測されます。

　粘度や形状から危険が高いものとして、お餅や団子類、こんにゃく入りミニカップゼリー、ピーナッツ、丸ごとのミニトマト、皮付きの大きなブドウなどがあります。大量に口の中に入れ、水分が少ない部分に張り付いて危険が高まるものとして、パンやビスケット、海苔などがあります。

2）食事をするときの子どもの状態

　乳幼児の場合、食べるときに、遊んだり泣いたりすることも窒息の要因であると推測されています。あまり心配せずに与えられるバナナやごはん、クッキーなどで喉を詰まらせることも少なくありません。危険ではないと思われる食品、小さく切ってある食材であっても、泣きながら食べる、いやいやふざけて食べる、急いでたくさん口につめこむ、といった状況では窒息の危険が高まります。

　"たっぷり遊んで楽しかったなあ"、"よく寝てすっきり"、"おなかがすいてきた、いい匂いがする"――など、食事に対する意欲が高まるような生活づくりに心がけ、子どもの気持ちやペースに寄り添って、「楽しく、ゆったりと」食事ができるように工夫することがまず大切です。食事の時間前後に急に予定を入れるなど、大人の都合で食事を急がせることは避けたいものです。

　食べることへの注意がそれたり、驚いたりすることがないように、テレビを見ながらの食事はやめましょう。スプーンで食べさせる時には、ひとさじの量を加減して次々と口に入れないこと、お茶や汁物などの水分を適切に与えることが基本です。眠っていないか、上体を倒したり上を向いたりして食べていないかに注意してください。噛んで飲み込めないものを口に残したま

ま遊び始めると危険なので、食べ終わる時には、口の中に食べ物が残っていないかどうかを確認しましょう。

b. 溺水、熱中症の危険

　数センチの水でも、子どもは溺れます。洗面台や浴槽にたまっている水、ビニール・プール、たらいに入った水をすくおうとして、あるいはおもちゃを取ろうとして頭や顔から水に落ちることは頻繁に起きます。「浅ければ大丈夫」「ビニール・プールだから大丈夫」といった油断は禁物です。

　どんなに浅い所でも、水遊び中は絶対に目を離さないでください。また、洗面台や浴槽に水をためておかないこと、水を入れたらいやビニール・プールを放置しておかないことを徹底してください。

　乳幼児期は、①新陳代謝が活発なので、汗や尿として排出される水分が多く、脱水状態になりやすい、②自律神経の働きが未熟で、放熱や発汗による体温調節がうまくできない、③身長が大人よりも低く、ベビーカー内でも地面からの照り返しによる熱の影響を強く受ける、④遊びに熱中していると暑さを忘れる、といった特徴から、大人よりも熱中症になる危険が高いといえます。乳児は自分で衣服を脱ぐことができませんし、4歳ごろでも暑さや寒さに応じて適切に衣類を調節することはまだ難しいと考えられます。

　車内など暑い環境に放置することはもちろん厳禁ですが、室内でも本棚や押入れなどの狭い所に入り込んで熱中症になる危険があることを忘れないでください。

　こまめに水分補給をすることが基本です。子どもは自分から喉が渇いたと言わないことも多いので、定時的に給水・お茶タイムを位置づけることが必要となります。その上で、暑中に外出する際には、首筋〜背中を冷やせるものを持参し、顔色や発汗の状態をこまめに確認してあげてください。

4 子どもの発達と保育事故　143

おわりに

　保育上の重大事故は、子どもの発達上のリスクとその場の構造の問題、保育者の不注意といった複数の要因が重なって起こります。したがって、目の前の子どもの様子をよく見て、「何に興味をもっているのかな」「どうしたいのかな」と考え、「〜するかもしれない」という予測をすることで大半が防げると思います。それができる力量を身につけていくこと、できる体制を整えていくことが公的に保障されるよう、求め続けていく必要があります。

　保護者と協力しながら、子どもたちの命を守り、生活と発達を支えていこうとしてくださっているみなさま方に感謝と敬意を表しつつ、今後、ファミリーサポート事業がさらに発展していくことをねがっています。

【引用・参考文献】

阿部寿美代（1997）ゆりかごの死─乳幼児突然死症候群〔SIDS〕の光と影、新潮社
Abramson, H. (1944). Accidental mechanical suffocation in infants, Pediatrics, 25:404–13.
American Academy of Pediatrics Task Force on Sudden Infant Death Syndrome, & Moon, R. Y. (2011). SIDS and other sleep-related infant deaths: Expansion of recommendations for a safe infant sleeping environment. Pediatrics, 128(5), 1030–1039. https://doi.org/10.1542/peds.2011-2284.
American Academy of Pediatrics Task Force on Sudden Infant Death Syndrome. (2016). SIDS and other sleep-related infant deaths: Updated 2016 recommendations for a safe infant sleeping environment. Pediatrics, 138(5), e20162938. https://doi.org/10.1542/peds.2016-2938.
Batra, E. K., Teti, D. M., Schaefer, E. W., Neumann, B. A., Meek, E. A., & Paul, I. M. (2016). Nocturnal video assessment of infant sleep environments. Pediatrics,138(3). http://dx.doi.org/10.1542/peds.2016-1533.
服部敬子・平沼博将・田中真介（2016）乳児期前半の「うつぶせ寝」におけるface down回避行動と窒息の危険性(1)─「うつぶせ寝実験動画」における頭部制御の発達に着目して─、日本発達心理学会第27会大会発表論文集
平沼博将・服部敬子・田中真介（2016）乳児期前半の「うつぶせ寝」におけるface down回避行動と窒息の危険性(2)─「うつぶせ寝実験動画」における手指機能の発達に着目して─、日本発達心理学会第27会大会発表論文集
de Jonge G. A., Engelberts A. C., Koomen-Liefting A. J., Kostense P. J(1989). Cot death and

prone sleeping position in the Netherlands. BMJ, 298(6675):722.
掛札逸美（2012）乳幼児の事故予防 保育者のためのリスクマネジメント、ぎょうせい
掛札逸美（2015）子どもの命の守り方、エイデル研究所
Moon, R. Y. & American Academy of Pediatrics Task Force On Sudden Infant Death Syndrome. (2016). SIDS and other sleep-related infant deaths: Evidence base for 2016 updated recommendations for a safe infant sleeping environment. Pediatrics, 138(5), e20162940. https://doi.org/10.1542/peds.2016-2940.
内閣府・平成27年度教育・保育施設等の事故防止のためのガイドライン等に関する調査研究事業検討委員会（2016）「教育・保育施設等における事故防止及び事故発生時の対応のためのガイドライン【事故防止のための取り組み】〜施設・事業者向け〜
　http://www8.cao.go.jp/shoushi/shinseido/meeting/kyouiku_hoiku/pdf/guideline1.pdf
（2017.8.20アクセス）
小保内俊雅・市川光太郎・山中龍宏・仁志田博司（2017）安全で安心な保育環境の構築に向けて、日本小児科学会雑誌、121(7), 1224-1229
田中昌人・田中杉恵・（写真）有田知行（1981）子どもの発達と診断 Ⅰ 乳児期前半、大月書店
田中昌人・田中杉恵・（写真）有田知行（1982）子どもの発達と診断 Ⅱ 乳児期前半、大月書店
田中昌人・田中杉恵・（写真）有田知行（1984）子どもの発達と診断 Ⅲ 乳児期前半、大月書店
田中昌人・田中杉恵・（写真）有田知行（1986）子どもの発達と診断 Ⅳ 乳児期前半、大月書店
田中昌人・田中杉恵・（写真）有田知行（1988）子どもの発達と診断 Ⅴ 乳児期前半、大月書店
田中哲郎（1998）「乳幼児死亡の防止に関する研究　総括研究報告」（平成9年度　厚生省心身障害研究　乳幼児死亡の防止に関する研究）pp.5-7
田中哲郎（2011）保育園における事故防止と安全管理、日本小児医事出版社
Wolfe, I.(2013). Child health. In: Successes and failures of health policy in Europe: four decades of diverging trends and converging challenges. Open University Press, Buckingham, 115-133.

コラム

さつきちゃんの無念の思いを忘れず

赤ちゃんの急死を考える会　小山義夫

「なんで、こんな人に預けてしまったんやろう！」

証人尋問が行われた法廷で被告・援助会員が支離滅裂な証言を連発したことを受け、藤井真希さんが絞り出すように放った一言を忘れることができません。

藤井真希さんは最愛のさつきちゃんを預ける前にこの援助会員と顔合わせし、生後5か月のさつきちゃんがまだ寝返りできないことを伝えていました。しかし、1回目の利用の際、うつぶせにされたさつきちゃんの左頬と左まつ毛に敷物の痕がついていたのを見て驚き、「さつきは、うつぶせ寝はしていません」と改めて援助会員に忠告していました。にもかかわらず2回目の利用の際も、泣き出したさつきちゃんをうつぶせに置き、心肺停止で発見されるまで援助会員は目を離していたのです。さつきちゃんは間一髪、救命されましたが長い脳死状態を経て死に至りました。

自分の行為で大事な人生を奪いながら、藤井夫妻に対して当日の事実関係の説明を途中で放棄し、面会も拒否したまま証人尋問を迎えたのです。日常に埋没したマンネリと惰性、社会人として最低限の理性も誠実さも喪失したひとりの女性の行為が家族の幸せを奪ったのです。もっともっと生きたかったであろう、さつきちゃんの無念はどれほどだったでしょうか。さつきちゃんが満面の笑みをうかべ、左手を上に差し出す仕草の写真に今も胸が痛みます。くしくもこれは、事故当日に撮影されたさつきちゃんの最後の元気な写真だったとのこと。もうこの笑顔が見られなくなった藤井夫妻の苦痛は計り知れません。

周囲をしゃべれない園児に囲まれた半ば密室のため、当事者の虚偽証言が裏づけもなく「事実」として一人歩きする保育施設での死亡事故。本当は保育における過失やネグレクトが原因であっても、この「事実」により完璧な保育環境下での偶然の事例とされ不可抗力と認定され

ます。司法解剖でもこの「事実」を前提とせざるを得ないため、死因が不明およびSIDS（乳幼児突然死症候群）となりやすいのもこのためです。その結果、事故の原因は子ども自身の病因にあるとされるため、事実解明作業の中心が保育内容の是非ではなく、子どもの病気・体質に求める不毛な思考に終始してやがて不問にされるのです。

こんな稚拙でドグマともいえる思考形式で処理されているのが子どもの死を巡る日本の現実であり、保育事故が減少しない理由の一つと言えます。事実、私たち赤ちゃんの急死を考える会では、最初は病死と診断されたが遺族の真相究明で実は園長による殺人だったという事例を複数経験しています。子どもといえ元気な人間が施設で急死するには必ず理由があるのです。

法廷ではさつきちゃんを担当した八尾市立病院の小児科医も尋問されました。この医師は当初、さつきちゃんが脳死に至った原因として、うつぶせでの窒息である可能性を認識していましたが、ある時を境に「RSウイルスにしておいた方がみんなにとって幸せだ」とRSウイルス説に転向したのです。八尾市の行政責任が問われた本件にて、このRSウイルス説は市の過失責任を否定する医学的後ろ盾になったことは間違いありません。医師のはきちがえた倫理観、市の利害関係を優先したかのような行為が事実解明にどれだけ障壁を作ってきたのかを本人は認識しているのでしょうか？

藤井夫妻はご自身の裁判と並行して今後の保育事故の根絶に向け、赤ちゃんの急死を考える会にて大いに尽力してくれました。この熱意は、2016年4月から始まった内閣府提唱の保育事故の検証制度と事故報告の義務化につながっています。厚生労働省は保育事故や虐待死などによる子どもの死亡事例を幅広く検証し、再発防止につなげる制度を2020年度までに導入することを先日発表しました。今回の大阪地裁での勝訴的和解がこの流れに一石を投じたとも言えます。

最後に、これまで藤井夫妻を物心両面で支えてくれた大阪保育運動連絡会、およびそこに集う保育者、保護者、研究者の皆様に深く感謝いたします。

おわりに

　ふと見上げると清々しい空の"あお"が、目に飛び込んできました。爽やかな2018年5月の朝。さつきの事故から7年、亡くなってから4年。再び空の色を感じられるときが来るとは、事故当時は想像すらできませんでした。そんな日常がかえってきたにもかかわらず、そばにいるはずのさつきはいません。寂しさを抱えながら今日も朝を迎えます。

　2010年11月16日。いつも通り仕事に向かうため、ひとり朝早く起き支度をはじめました。眠っているさつきの顔を覗き込むと、静かに寝息を立てています。その日も「いつも」がはじまりました。しかし数時間後、私たちの「いつも」は一変します。

　職場にかかった一本の電話。どこをどう走って病院にたどり着いたかも覚えていません。本当に受け止められない出来事に直面したとき、私の目からは涙も出ず、感情を超えた向こう側に立ち尽くしていました。人を信じられず、支え合わなければならないはずの家族でさえ衝突し、バラバラになりかけたこともありました。

　何も語らない援助会員、責任を曖昧にする行政担当者の心ない言葉が、その状況に拍車をかけました。さつきの命を軽んじるような言動が、何度も私たちの気持ちを踏みにじりました。市民が行政に対して説明を求め、おかしいことをおかしいと訴えても、それをないがしろにする対応が私たちの感情をさらに不安定にしました。そして、自分たちでできることの限界を少しずつ実感していきました。
　「もうだめだ」、細く伸びた気持ちの糸が切れそうな状況で、さつきは帰っ

てきてくれ、私たちをつないでくれました。そして、私たちをたくさんの人につないでくれました。

　事故対応に苦しむ私たちを支え、共に声をあげてくださった「支える会」のみなさん。
　生死をさまよっていたさつきと家族を応援してくれた八尾市立病院の方々。さつきのありのままを受け入れ、在宅医療生活を後押ししてくださった大阪発達総合療育センターのみなさん。在宅生活の基幹医療を引き受けてくださった岸和田徳洲会病院の橋本卓先生とスタッフのみなさん。在宅生活を支えてくださった訪問看護師さん、ヘルパーさん、歯科医師さん、リハビリの先生。障がいの当事者として出会ったさつきのお友達や大先輩。夫婦それぞれの友人、職場で様々なサポートをしてくださった同僚や上司の方々。署名やチラシ宣伝などの活動の際には、全国各地からも協力をいただき、たくさんの応援と励ましの声をいただきました。

　思いを同じくする「赤ちゃんの急死を考える会」の小山義夫さん、保育事故遺族の方々。問題意識を共有し、長い裁判を伴走し続けてくださった弁護士の先生方。専門知識を惜しみなく提供してくださった小児科医の先生方、発達心理学、福祉関係の先生方。報道関係の方々と、まるで親族の一人のように親身になって行動してくれた記者のお姉さん。
　そして、寄り添ってくれた家族。

　「チームさつき」と出会えたことは本当に良かった。
　出会いのきっかけはあってはならない事故でしたが、みなさんがさつきや家族に与えてくださった影響はとても大きく、私たちとさつきが生きるためにかけがえのないものでした。当時はただ悲しくて、つらくて、寂しくて、悔しくて。でも逃げることもできなくて。長く暗い現実の中、みなさんのお力と支えにより、前を向いて進むことができました。

おわりに　149

2017年3月、事故は「民事裁判の和解」という形でひとつの"区切り"を迎えることができました。そして、みなさんの「悲しい事故を繰り返したくない」思いが集まり、この本ができました。

　平沼博将先生はじめ編著者・執筆者のみなさんには無理なお願いを快く引き受けていただき、本当にありがとうございました。また、本書の企画・出版を引き受けてくださったクリエイツかもがわの伊藤愛さんと田島英二さんに心よりお礼申し上げます。

　本書が、ファミサポに様々な形でかかわっておられる方々、これから登録を考えている方々、子育て中の方々や保育・子育て支援の現場や研究職にある方々はもちろん、社会の一員として子どもを守り育てるすべての方々に届き、子どもたちの命と安全を守るために役に立てることを願っています。

　わずか3年の人生を懸命に生きぬいた藤井さつきは、これからも私たちの心に生き続けます。そして私たちは、悲しい出来事に遭う子どもや家族がいなくなることを祈って、今後もできることを続けていこうと思います。

　「さつき」の名前は、生まれ月の五月から、柔らかい字体で読み間違いのないよう"ひらがな"でつけました。五月の晴れの空のように人の気持ちをすがすがしく、晴れやかにできるようにと願いをこめました。「つき（月）ちゃん」のニックネームは、きっと本人も気に入っていたと思います。晴れやかな青空や、夜にお月さまをみたときは、さつきを思い出してやってください。

2018年8月

藤井朋樹

[編著者]

平沼　博将（ひらぬま　ひろまさ）：はじめに
大阪電気通信大学共通教育機構人間科学教育研究センター教授。専門は発達心理学、保育学。大阪市の認可外保育施設ラッコランド京橋園で起きた乳児死亡事故から「保育事故」の問題に関わる。八尾ファミサポ事故の裁判では「うつぶせ寝の危険性」についての意見書を共同執筆。編著書に『子どもの命を守るために―保育事故裁判から保育を問い直す』（クリエイツかもがわ、2016）。

岩本　朗（いわもと　ほがら）：第1章2
弁護士、弁護士法人あすなろ代表社員。子どもの権利の問題に関心をもち、2012年大阪弁護士会子どもの権利委員会委員長を務めた。医療過誤事件では患者側代理人として活動し、現在患者側弁護士の任意団体である大阪医療問題研究会の代表も務める。

藤井　真希（ふじい　まき）：第1章1
八尾ファミサポ事故当事者・藤井さつきの母。事故対応と並行し「赤ちゃんの急死を考える会」で保育事故の相談対応・保育行政の向上と事故防止への要請行動・保育や医療関係者への講演や、『保育白書』『月刊保育情報』『ちいさいなかま』（いずれもちいさいなかま社）などで執筆を行う。現在は同会事務局長として活動中。

岩狹　匡志（いわさ　ただし）：第1章3、第2章3
大阪保育運動連絡会副会長、八尾保育運動連絡会事務局長、ファミサポ裁判を支える会事務局長。保育所の保護者会活動の経験から保育運動にかかわり、保育事故問題、公立施設の再編問題などを中心に取り組んでいる。主な著書（共著）に『子どもの命を守るために―保育事故裁判から保育を問い直す』（クリエイツかもがわ、2016）、『2017年版保育白書』（ちいさいなかま社、2017）など。

[執筆者]

藤井　朋樹（ふじい　ともき）藤井さつきの父・赤ちゃんの急死を考える会…第1章1、おわりに

宮脇　町子（みやわき　まちこ）ファミサポ裁判を支える会会長・保育士…第1章3

湯川　祥子（ゆかわ　しょうこ）ファミサポ裁判を支える会事務局・保育士…第1章3

大西亜雅紗（おおにし　あがさ）MBS報道局ディレクター…第1章4

東根　ちよ（ひがしね　ちよ）鳥取大学地域学部講師…第2章1

東内瑠里子（とうない　るりこ）日本福祉大学子ども発達学部准教授…第2章2

服部　敬子（はっとり　けいこ）京都府立大学公共政策学部教授…第2章4

石川　幸枝（いしかわ　ゆきえ）全国民間保育園経営研究懇話会…コラム

橋本　卓（はしもと　たかし）岸和田徳洲会病院小児科…コラム

丸山　豊美（まるやま　とよみ）ファミサポ裁判を支える会・元保育士…コラム

二宮千賀子（にのみや　ちかこ）NPO法人沖縄県学童・保育支援センター…コラム

寺町　東子（てらまち　とうこ）弁護士・一般社団法人子ども安全計画研究所…コラム

小山　義夫（こやま　よしお）赤ちゃんの急死を考える会会長…コラム

「ファミサポ」の安全を考える
八尾市乳児死亡事故を教訓に

2018年9月1日　初版発行

編　著　Ⓒ 平沼博将・岩本 朗・藤井真希・岩狹匡志

発行者　田島英二

発行所　株式会社 クリエイツかもがわ
　　　　〒601-8382　京都市南区吉祥院石原上川原町21
　　　　電話 075(661)5741　FAX 075(693)6605
　　　　ホームページ http://www.creates-k.co.jp
　　　　メール info@creates-k.co.jp
　　　　郵便振替 00990-7-150584

印刷所　モリモト印刷株式会社

ISBN978-4-86342-241-4 C0036　　　　printed in japan